Responsabilidade Tributária e Desconsideração da Personalidade Jurídica no novo CPC

Responsabilidade Tributária e Desconsideração da Personalidade Jurídica no novo CPC

2019

Lucas Lobo Pereira

RESPONSABILIDADE TRIBUTÁRIA E DESCONSIDERAÇÃO DA PERSONALIDADE JURÍDICA NO NOVO CPC
© Almedina, 2019
AUTOR: Lucas Lobo Pereira
DIAGRAMAÇÃO: Almedina
DESIGN DE CAPA: FBA
ISBN: 9788584934942

Dados Internacionais de Catalogação na Publicação (CIP)
(Câmara Brasileira do Livro, SP, Brasil)

Pereira, Lucas Lobo
Responsabilidade tributária e desconsideração da personalidade jurídica no novo CPC / Lucas Lobo Pereira. -- São Paulo : Almedina, 2019.

Bibliografia.
ISBN 978-85-8493-494-2

1. Direito tributário 2. Pessoa jurídica 3. Processo civil 4. Responsabilidade tributária 5. Responsabilidade tributária - Brasil I. Título.

19-27326   CDU-34:336.2.024(81)

Índices para catálogo sistemático:

1. Brasil : Responsabilidade tributária : Direito tributário 34:336.2.024(81)

Cibele Maria Dias - Bibliotecária - CRB-8/9427

Este livro segue as regras do novo Acordo Ortográfico da Língua Portuguesa (1990).

Todos os direitos reservados. Nenhuma parte deste livro, protegido por copyright, pode ser reproduzida, armazenada ou transmitida de alguma forma ou por algum meio, seja eletrônico ou mecânico, inclusive fotocópia, gravação ou qualquer sistema de armazenagem de informações, sem a permissão expressa e por escrito da editora.

Junho, 2019

EDITORA: Almedina Brasil
Rua José Maria Lisboa, 860, Conj.131 e 132, Jardim Paulista | 01423-001 São Paulo | Brasil
editora@almedina.com.br
www.almedina.com.br

PREFÁCIO

A Monografia a que tenho a honra de prefaciar teve o seu desenvolvimento por mim acompanhado desde sua gênese até sua apresentação perante banca da qual fiz parte, junto ao Insper. Tendo a banca a avaliado e aprovado, e conferido a seu autor o título de Especialista em Direito Tributário por aquela renomada instituição.

Trata a presente obra da responsabilidade tributária, que há muito vem sendo objeto de extensa análise: inúmeros autores brasileiros vêm sobre ela discorrendo desde a década de sessenta do século passado, havendo também farta jurisprudência a dela tratar. E isso ocorre por ser a responsabilidade tributária tema extremamente relevante, dispondo sobre a exigência de tributos cujo recolhimento é transferido para pessoa (ou pessoas) diversa daquela que, originalmente, por eles é responsável: o contribuinte.

Mesmo assim, a obra que ora repousa em nossas mãos é inovadora: editada e publicada no âmbito da exitosa parceria entre a Editora Almedina e o Insper, nela a questão da responsabilidade tributária é analisada conjuntamente com o novel "Incidente de Desconsideração da Personalidade Jurídica", previsto no atual Código de Processo Civil, em vigor há pouco mais de três anos.

Destarte, a partir das hipóteses previstas nos artigos 134 e 135 do Código Tributário Nacional, relativas à responsabilização de sócios e administradores por débitos tributários das pessoas jurídicas, o autor analisa a aplicabilidade do "Incidente de Desconsideração" no âmbito da tributação, no contexto da caracterização dos dispositivos legais ora mencionados como hipóteses de desconsideração da personalidade jurídica e da aplicabilidade, por conseguinte, do "Incidente" no Direito Tributário brasileiro – tanto no âmbito judicial, como no administrativo.

Não se discute que tais hipóteses de responsabilização são de vital importância: elas permitem aos entes tributantes satisfazer obrigações tributárias de pessoas jurídicas utilizadas no cometimento de infrações, ao se alcançar o patrimônio dos sócios e administradores de tais pessoas.

Por outro lado, o excesso inúmeras vezes cometido pelo Poder Público nas tentativas de responsabilização de sócios e administradores – quando esta responsabilização legalmente não se aplica – pode levar a graves equívocos e indevidos prejuízos a esses, por lhes impor pesado fardo, exigindo que se defendam, com todos os ônus atinentes a esta defesa.

E é nesse contexto de excesso que se aplica o "Incidente de Desconsideração", permitindo a garantia do contraditório e da ampla defesa prévios à responsabilização de terceiros no âmbito do contencioso judicial (e do administrativo), evitando a ocorrência de situações em que a responsabilização de terceiros ocorria ao arrepio dos requisitos legais.

Sem mais querer tomar o tempo do leitor que anseia por se entregar à análise do texto que segue, quero parabenizar a Almedina, o Insper e, principalmente, o Autor por tão relevante Obra, que por certo servirá de guia e referência a todos aqueles que têm o exercício do Direito Tributário como missão.

Desejo uma excelente leitura.

Régis Fernando de Ribeiro Braga
Professor Orientador dos *LL.M* em Direito Tributário do
Insper – Instituto de Ensino e Pesquisa

SUMÁRIO

INTRODUÇÃO   9

1. RESPONSABILIDADE TRIBUTÁRIA   13
   1.1. A Responsabilidade no Sistema Tributário Brasileiro   13
      1.1.1. A Responsabilidade no Âmbito do Direito Tributário   13
      1.1.2. Diferenciação das Responsabilidades no Ordenamento Jurídico Brasileiro: Código Civil, Código de Defesa do Consumidor e Código Tributário Nacional   25
   1.2. Das Espécies de Responsabilidade Tributária   33
      1.2.1. Das Modalidades de Responsabilidade Tributária   33
      1.2.2. Da Responsabilidade de Terceiros   48

2. DESCONSIDERAÇÃO DA PERSONALIDADE JURÍDICA   61
   2.1. A Desconsideração da Personalidade Jurídica como Espécie (ou como Forma?) de Responsabilização do Sócio pelos Débitos da Pessoa Jurídica   61
      2.1.1. A Empresa e a Personalidade Jurídica   61
      2.1.2. Do Instituto da Desconsideração da Personalidade Jurídica   70
      2.1.3. A Desconsideração da Personalidade Jurídica no Âmbito do Direito Tributário   78
   2.2. Do Posicionamento do Superior Tribunal de Justiça a Respeito da Responsabilidade Tributária de Sócios e Administradores   83
   2.3. Desconsideração da Personalidade Jurídica no Novo Código de Processo Civil   99

2.3.1. Do Incidente de Desconsideração da Personalidade Jurídica ... 99
2.3.2. Da Aplicabilidade do Incidente de Desconsideração da Personalidade Jurídica à Responsabilidade Tributária ... 105
2.3.3. Da Análise da Aplicação do Incidente de Desconsideração da Personalidade Jurídica no Contencioso Tributário Judicial ... 112
2.3.4. Procedimento Administrativo de Reconhecimento de Responsabilidade (PARR) - Portaria PGFN nº 948, de 15 de setembro de 2017 ... 125

CONCLUSÃO ... 129

REFERÊNCIAS ... 133

REFERÊNCIAS LEGAIS E NORMATIVAS ... 137

REFERÊNCIAS ... 139

OBRAS COMPLEMENTARES ... 145

Introdução

A presente monografia versa sobre a responsabilidade tributária no âmbito do novo Código de Processo Civil, instituído pela Lei nº 13.105, de 26 de março de 2015. Mais especificamente, aborda-se a responsabilidade tributária mediante desconsideração da personalidade jurídica e o incidente processual previsto nos artigos 133 e seguintes do novo Código, o qual passou a figurar como requisito prévio à desconsideração da personalidade jurídica, bem como estabelece a ampla defesa e o contraditório prévios à responsabilização dos sócios por desconsideração da personalidade jurídica.

A responsabilidade tributária tornou-se tema de extrema importância dentro do cotidiano daqueles que atuam em Direito Tributário, uma vez que o instituto se revela essencial à viabilização da exigência de tributos em circunstâncias nas quais, por quaisquer razões, a responsabilidade por seu recolhimento tenha de ser transferida para pessoas diversas do contribuinte.

Sendo assim, o Direito Tributário vale-se de diversas espécies de responsabilidade tributária, dentre as quais se destaca a responsabilidade de terceiros, notadamente no que concerne às hipóteses de responsabilização de sócios e administradores pelos débitos das pessoas jurídicas, previstas nos artigos 134 e 135 do Código Tributário Nacional.

Tais hipóteses de responsabilidade de terceiros destacam-se por sua relevância, tendo em vista o impacto de sua aplicação dentro das relações jurídico-tributárias, considerando-se o contexto de abuso no uso da personalidade jurídica como forma de afastar a responsabilidade da pessoa, física ou jurídica, de seus sócios.

Desta forma, a responsabilidade de terceiros tornou-se uma ferramenta essencial aos entes tributantes, a fim de que garantam o adimplemento das obrigações tributárias, estabelecendo a responsabilização para além da esfera patrimonial da pessoa jurídica, alcançando, assim, os bens de sócios, dirigentes e administradores.

Neste cenário, discute-se na doutrina especializada quanto ao enquadramento, ou não, de tais hipóteses como um tipo de desconsideração da personalidade jurídica, vinculando-se ao instituto previsto, no âmbito do direito privado, pelo artigo 50 do Código Civil.

Contudo, mesmo diante desta discussão doutrinária, é certo que ambas as formas constituem um importante meio pelo qual os sócios e administradores podem ser responsabilizados pelo descumprimento de obrigações tributárias levadas a termo pela pessoa jurídica, evitando, assim, que esta seja utilizada como meio para o cometimento de ilícitos e descumprimento de obrigações, seja no âmbito das relações de direito privado por esta estabelecidas, seja na esfera de suas obrigações tributárias.

Além disso, a necessidade de defesa dos sócios e administradores ante a sua responsabilização por débitos tributários de pessoas jurídicas de cujo capital ou administração façam parte, bem como as restrições impostas à apresentação de defesa por meio da exceção de pré-executividade quando de seu reconhecimento, tornou a matéria relevante no âmbito da defesa das pessoas responsabilizadas no contexto do contencioso judicial tributário.

Isso porque, não sendo possível a apresentação da exceção de pré-executividade, sócios e administradores responsabilizados acabavam por ser obrigados a manejar o recurso de embargos à execução para apresentação de suas defesas, o qual, para que seja viável, exige a apresentação de garantia idônea do débito fiscal executado.

Aliado a este fato, o grande número de situações em que a responsabilização de terceiros se dava sem o devido preenchimento dos requisitos legais para seu ensejo contribuiu para o desenvolvimento de uma realidade de abusos na utilização do instituto, colaborando para o aumento da insegurança jurídica em nosso sistema processual.

Neste sentido, a aplicação do incidente de desconsideração da personalidade jurídica no âmbito da responsabilização de terceiros em execuções fiscais, com o estabelecimento de um contraditório prévio à responsabilização de sócios e administradores, certamente será ferramenta essencial à defesa destes, prevenindo a ocorrência de responsabilização equivocada de terceiros.

Por todo o até aqui exposto, a responsabilidade tributária e a desconsideração da personalidade jurídica estão intimamente ligadas ao trabalho cotidiano daqueles que atuam em Direito Tributário, sendo tema recorrente na atuação em defesa de pessoas jurídicas frente a passivos fiscais e ao descumprimento de obrigações tributárias. Ademais, a previsão do incidente de personalidade jurídica no novo Código de Processo Civil trará, certamente, grande impacto dentro da atuação no contencioso judicial e, até mesmo, no administrativo, tendo em vista a relevância do instituto para a matéria.

Isso porque o referido incidente, para além de instrumentalizar a desconsideração da personalidade jurídica, estabelece a ampla defesa e o contraditório prévios, solucionando uma grande demanda existente até então, quando a responsabilidade de sócios, dirigentes e administradores se dava sem a possibilidade de defesa prévia, o que dificultava consideravelmente a defesa no âmbito do processo judicial e administrativo tributários.

Neste sentido, é fundamental analisar-se a aplicabilidade do incidente de desconsideração da personalidade jurídica no âmbito do Direito Tributário, notadamente no que concerne às hipóteses de responsabilização de terceiros do artigo 134 e 135 do Código Tributário Nacional, no contexto das discussões sobre sua caracterização, ou não, como uma hipótese de desconsideração da personalidade jurídica.

Assim, conhecer tais institutos e utilizá-los de forma correta na prática cotidiana torna-se uma arma do advogado atuante em Direito Tributário, sendo de suma relevância e interesse o estudo tanto do instituto da responsabilidade tributária e da desconsideração da personalidade jurídica em matéria tributária, quanto do instituto processual do incidente de desconsideração da personalidade jurídica estabelecido pelo Código de Processo Civil.

Constituindo uma ferramenta para defesa frente ao pleito de responsabilização de terceiros por débitos fiscais formulado pelos diferentes entes tributantes na esfera processual, conhecer e dominar o instituto, bem como as formas de defesa, será essencial para a solução de problemas reais e cotidianos dentro do Direito Tributário.

Ademais, a relevância do novo incidente como meio de defesa frente ao pleito de desconsideração da personalidade jurídica é inegável, por tratar-se de um importante meio para solucionar problemas que atualmente pautam o cotidiano de contribuintes e a atuação de tributaristas, afastando-se o abuso na responsabilização de terceiros e o ônus atualmente exigido para que sócios e administradores possam defender-se frente a tais medidas.

Desta forma, o presente estudo aborda as hipóteses de responsabilidade tributária, delineando os requisitos de sua aplicabilidade, notadamente no que concerne à responsabilidade de terceiros. Aborda-se, ainda, o desenvolvimento do instituto da desconsideração da personalidade jurídica e a discussão a respeito de sua aplicabilidade no âmbito do Direito Tributário.

Após, analisando-se o incidente de desconsideração da personalidade jurídica, são abordados os requisitos do instrumento processual e analisada sua aplicabilidade no âmbito da responsabilidade tributária, por meio dos posicionamentos doutrinários e jurisprudenciais sobre o tema.

1. Responsabilidade Tributária

1.1. A Responsabilidade no Sistema Tributário Brasileiro

1.1.1. *A Responsabilidade no Âmbito do Direito Tributário*

O Direito organiza-se mediante normas jurídicas, ordenadas de modo a regular os fatos e estruturando-se mediante uma hipótese, um mandamento e uma sanção. Verificada a ocorrência de determinada hipótese, incidirá o mandamento da norma, que implicará na imposição de determinado comportamento por aquele que tenha praticado a hipótese nela prevista[1].

Quanto à estrutura da regra-matriz de incidência da norma jurídica tributária, esclarece Paulo de Barros Carvalho:

> A norma tributária em sentido estrito, reiteramos, é a que define a incidência fiscal. Sua construção é obra do cientista do Direito e se apresenta, de final, com a compostura própria dos juízos hipotético-condicionais. Haverá uma hipótese, suposto ou antecedente, a que se conjuga um mandamento, uma consequência ou estatuição. A forma associativa é a cópula deôntica, o dever-ser que caracteriza a imputação jurídico-normativa. Assim, para obter-se o vulto abstrato da regra-matriz é mister isolar as proposições em si, como formas de estrutura sintática; suspender o vector semântico da norma para as situações objetivas (tecidas por fatos e por comportamentos

---

[1] ATALIBA, Geraldo. **Hipótese de Incidência Tributária.** 9ª Ed. 6ª tiragem. Rio de Janeiro: Malheiros, 2005. pp. 42-43.

do mundo); ao mesmo tempo em que se desconsidera os atos psicológicos de querer e de pensar a norma.

Dentro deste arcabouço, a hipótese trará a previsão de um fato (se alguém industrializar produtos), enquanto a consequência prescreverá a relação jurídica (obrigação tributária) que se vai instaurar, onde e quando acontecer o fato cogitado no suposto (aquele alguém deverá pagar à Fazenda Federal 10% do valor do produto industrializado).

A hipótese alude a um fato e a consequência prescreve os efeitos jurídicos que o acontecimento irá propagar, razão pela qual se fala em descritor e prescritor, o primeiro para designar o antecedente normativo e o segundo para indicar seu consequente.[2]

Sendo assim, a hipótese da norma jurídica tributária estrutura-se por seus aspectos material, espacial, temporal e pessoal:

(...) Ao conceituar o fato que será ensejo ao nascimento da relação jurídica do tributo, o legislador também seleciona as propriedades que julgou importantes para caracterizá-lo. E, desse conceito, podemos extrair critérios de identificação que nos permitam reconhece-lo toda vez que, efetivamente, aconteça. No enunciado hipotético vamos encontrar três critérios identificadores do fato: a) critério material; b) critério espacial; e c) critério temporal.[3]

O critério material, pois, estabelece a "referência a um comportamento de pessoas, físicas ou jurídicas, condicionado por circunstâncias de espaço e de tempo (critério espacial e temporal)"[4]. Já o critério espacial consubstancia-se pelas "regras jurídicas que trazem expressos os locais em que o fato deve ocorrer, a fim de que irradie os efeitos que lhe são característicos"[5]. No que toca ao critério temporal, tem-se "a natural necessidade de que a norma tributária revele o marco de tempo em

---

[2] CARVALHO, Paulo de Barros. **Curso de Direito Tributário**. 22ª Ed. São Paulo: Saraiva, 2010. pp. 294-295.
[3] CARVALHO, Paulo de Barros. **Curso de Direito Tributário**. 22ª Ed. São Paulo: Saraiva, 2010. p. 319.
[4] CARVALHO, Paulo de Barros. **Curso de Direito Tributário**. 22ª Ed. São Paulo: Saraiva, 2010. p. 320.
[5] CARVALHO, Paulo de Barros. **Curso de Direito Tributário**. 22ª Ed. São Paulo: Saraiva, 2010. p. 323.

que se dá por ocorrido o fato, abrindo-se aos sujeitos da relação o exato conhecimento da existência de seus direitos e de suas obrigações"[6].

No que toca ao critério quantitativo, fala-se em "objeto da prestação pecuniária que, no caso da regra-matriz de incidência tributária, se consubstancia na base de cálculo e na alíquota[7].

Quanto ao critério quantitativo, Paulo de Barros Carvalho elucida que o critério quantitativo é "o centro de convergência do direito subjetivo, de que é titular o sujeito ativo, e do dever jurídico cometido ao sujeito passivo, é um valor patrimonial, expresso em dinheiro, no caso das obrigações tributárias"[8].

Por fim, conceitua Paulo de Barros Carvalho que "o critério pessoal é o conjunto de elementos, colhidos no prescritor da norma, e que nos aponta quem são os sujeitos da relação jurídica – sujeito ativo, credor ou pretensor, de um lado, e sujeito passivo ou devedor, do outro"[9].

A responsabilidade tributária, pois, filia-se diretamente ao aspecto pessoal da hipótese de incidência das normas.

Tal aspecto "é a qualidade – inerente à hipótese de incidência – que determina os sujeitos da obrigação tributária, que o fato imponível fará nascer"[10]. Criam-se, assim, os conceitos de sujeitos ativo e passivo da norma tributária.

Quanto aos conceitos acima, leciona Geraldo Ataliba que será o sujeito passivo "o credor da obrigação tributária"[11], sendo sua designação exclusivamente realizada por meio de Lei.[12]

---

[6] CARVALHO, Paulo de Barros. **Curso de Direito Tributário.** 22ª Ed. São Paulo: Saraiva, 2010. p. 327.
[7] CARVALHO, Paulo de Barros. **Curso de Direito Tributário.** 22ª Ed. São Paulo: Saraiva, 2010. p. 348.
[8] CARVALHO, Paulo de Barros. **Curso de Direito Tributário.** 22ª Ed. São Paulo: Saraiva, 2010. p. 391.
[9] CARVALHO, Paulo de Barros. **Curso de Direito Tributário.** 22ª Ed. São Paulo: Saraiva, 2010. p. 348.
[10] ATALIBA, Geraldo. **Hipótese de Incidência Tributária.** 9ª Ed. 6ª tiragem. Rio de Janeiro: Malheiros, 2005. p. 80.
[11] ATALIBA, Geraldo. **Hipótese de Incidência Tributária.** 9ª Ed. 6ª tiragem. Rio de Janeiro: Malheiros, 2005. p. 83.
[12] ATALIBA, Geraldo. **Hipótese de Incidência Tributária.** 9ª Ed. 6ª tiragem. Rio de Janeiro: Malheiros, 2005. p. 84.

Sendo assim, determina o Código Tributário Nacional que será sujeito ativo da obrigação tributária "a pessoa jurídica de direito público, titular da competência para exigir o seu cumprimento"[13].

Conforme leciona Fernando Aurelio Zilveti, o sujeito ativo é o titular do direito de exigir o cumprimento da obrigação de dar ou fazer:

> Considerando que a relação jurídica tributária tem por objeto o pagamento do tributo e, conjunta ou alternativamente, alguma prestação, considera-se como sujeito ativo o titular do direito de exigir o cumprimento da obrigação de dar ou fazer. Tal definição aprimora aquilo que o CNT definiu como sujeito ativo, no artigo 119. Nessa qualidade de sujeito de direito se enquadram a União, os Estados, os Municípios e, também, as autarquias, como, por exemplo, o INSS. Como visto, adota-se a posição doutrinária que considera sujeito ativo não só aquele que cria o tributo, mas também aquele que é apenas titular do direito de exigir o cumprimento da obrigação.[14]

Regra geral, tal pessoa será aquela constitucionalmente investida da competência tributária. Contudo, a Lei poderá, ainda, atribuir a pessoa diversa a competência para instituir determinado tributo, caso em que será obrigatória a sua designação no texto da norma. Neste sentido, esclarece Luciano Amaro:

> Uma coisa é a *competência tributária* (aptidão para instituir o tributo) e outra é a *capacidade tributária* (aptidão para ser titular do polo ativo da obrigação, vale dizer, para figurar como credor na relação jurídica tributária. A coincidência entre o *criador* e o *credor* do tributo ocorre, em geral, com os *impostos*. Assim, por exemplo, a União tem *competência tributária*, em cujo exercício institui o imposto de renda, e é ela, União, quem figura como *sujeito ativo* nas obrigações tributárias atinentes a esse imposto; do mesmo modo, o Município, no uso de sua competência tributária, institui o imposto sobre a propriedade urbana e ele é o sujeito ativo das obrigações pertinentes a esse tributo. Já não é isso o que geralmente se passa com as contribuições ditas parafiscais.

---

[13] BRASIL. Lei nº 5.172, de 25 de outubro de 1966. Dispõe sobre o Sistema Tributário Nacional e institui normas gerais de Direito Tributário aplicáveis à União, Estados e Municípios. **Diário Oficial da União**: seção 1, Brasília, DF, p. 12567 (Retificação), 31 out. 1966 ("CTN"). Artigo 119.

[14] ZILVETI, Fernando Aurelio. **Obrigação Tributária – Fato Gerador e Tipo.** São Paulo: Quartier Latin, 2009. p. 73.

O sujeito ativo é *da obrigação tributária*. Sua identificação deve ser buscada no liame jurídico em que a obrigação se traduz, e não na titularidade da competência para instituir o tributo. Suponha-se a contribuição devida pelos advogados à Ordem dos Advogados do Brasil. É correto dizer que sua instituição cabe à União. Mas não se pode dizer que ela seja o *sujeito ativo da obrigação tributária*. Sujeito ativo da obrigação (bem como o passivo) há de ser alguém que esteja presente na relação jurídica obrigacional.[15]

Já o "sujeito passivo da obrigação tributária será o devedor, convencionalmente chamado de contribuinte"[16]. Conforme o Código Tributário Nacional, será sujeito passivo desta "a pessoa obrigada ao pagamento de tributo ou penalidade pecuniária"[17].

Segundo Paulo de Barros Carvalho, o sujeito passivo é "a pessoa – sujeito de direitos – física ou jurídica, privada ou pública, de quem se exige o cumprimento da prestação: pecuniária, nos nexos obrigacionais; e insuscetível de avaliação patrimonial, nas relações que veiculam meros deveres instrumentais ou formais"[18].

Em regra, o sujeito passivo é aquele que detém correlação íntima com o fato gerador (hipótese de incidência) na norma. Como expressão do princípio da capacidade contributiva[19-20], será sujeito passivo apenas aquele cuja capacidade é revelada pelo fato gerador do tributo.

---

[15] AMARO, Luciano. **Direito Tributário Brasileiro.** 20ª Ed. São Paulo: Saraiva, 2014. p. 319-320.
[16] ATALIBA, Geraldo. **Hipótese de Incidência Tributária.** 9ª Ed. 6ª tiragem. Rio de Janeiro: Malheiros, 2005. p. 86.
[17] Artigo 121 do CTN.
[18] CARVALHO, Paulo de Barros. **Curso de Direito Tributário.** 22ª Ed. São Paulo: Saraiva, 2010. p. 367.
[19] Art. 145. A União, os Estados, o Distrito Federal e os Municípios poderão instituir os seguintes tributos:
I – impostos;
II – taxas, em razão do exercício do poder de polícia ou pela utilização, efetiva ou potencial, de serviços públicos específicos e divisíveis, prestados ao contribuinte ou postos a sua disposição;
III – contribuição de melhoria, decorrente de obras públicas.
§ 1º Sempre que possível, os impostos terão caráter pessoal e **serão graduados segundo a capacidade econômica do contribuinte**, facultado à administração tributária, especialmente para conferir efetividade a esses objetivos, identificar, respeitados os direitos individuais e nos termos da lei, o patrimônio, os rendimentos e as atividades econômicas do contribuinte. (grifo nosso)

Tal capacidade, no campo da sujeição passiva, consubstancia-se na "habilitação que a pessoa, titular de direitos fundamentais, tem para ocupar o papel de sujeito passivo de relações jurídicas de natureza fiscal"[21].

Conforme o Código Tributário Nacional, tal capacidade tributária passiva independe da existência de capacidade civil, da existência de medidas que privem ou limitem o exercício de atividades civis, comerciais ou profissionais, ou da administração direta de bens e negócios, de estar a pessoa jurídica regularmente constituída[22].

Neste sentido, Paulo de Barros Carvalho esclarece que o Direito Tributário reconhece a aptidão de entes desprovidos de personalidade jurídica para a prática de atos ensejadores de incidências tributárias:

> Com efeito, reconhece o direito tributário aptidão para realizar o fato, ou dele participar, a entes, agregados econômicos, unidades profissionais, enfim, organizações de pessoas ou de bens, não contempladas pelo direito privado com *personalidade jurídica*. A eles confere possibilidade jurídica de promover aqueles acontecimentos hipoteticamente previstos na lei, reputando-os fatos válidos e eficazes para desencadear os efeitos jurídicos característicos, significa dizer, a inauguração do *vinculum juris* que dá ao Estado o direito subjetivo público de exigir parcelas do patrimônio privado. Este é, sem outros torneios, o campo da eleição do *sujeito capaz* de realizar o fato jurídico tributário, ou dele participar, e os sucessos que nessa conformidade ocorrem assumem a magnitude própria que o direito associa aos chamados *fatos jurídicos tributários*.[23]

---

[20] Quanto à conceituação do princípio da capacidade contributiva, leciona Roque Antonio Carrazza: *"A capacidade contributiva à qual alude a Constituição e que a pessoa política é obrigada a levar em conta ao criar, legislativamente, os impostos de sua competência é* objetiva, e não subjetiva. *É objetiva porque se refere não às condições econômicas reais de cada contribuinte, individualmente considerado, mas às manifestações objetivas de riqueza (ter um imóvel, possuir um automóvel, ser proprietário de joias ou obras de arte, operar em Bolsa, praticar operações mercantis, etc. (...) Portanto, o princípio da capacidade contributiva exige que na repartição dos encargos impositivos se levem em conta as especificidades das várias categorias de contribuintes."*. CARRAZZA, Roque Antonio. **Curso de Direito Constitucional Tributário**. 29. ed. São Paulo: Malheiros, 2013. pp. 102 e 105.

[21] CARVALHO, Paulo de Barros. **Curso de Direito Tributário**. 22ª Ed. São Paulo: Saraiva, 2010. p. 372.

[22] Artigo 126 do CTN.

[23] CARVALHO, Paulo de Barros. **Curso de Direito Tributário**. 22ª Ed. São Paulo: Saraiva, 2010. pp. 373-374.

Nas palavras de Luciano Amaro "sujeito passivo *é o devedor da obrigação tributária, ou seja, é a pessoa que tem o dever de prestar, ao* credor *ou* sujeito ativo, *o objeto da obrigação*"[24], seja este objeto vinculado à obrigação principal, seja este vinculado à obrigação acessória.

A figura do sujeito passivo se subdivide em contribuinte e responsável, os quais são definidos no artigo 121 do Código Tributário Nacional:

> Art. 121. Sujeito passivo da obrigação principal é a pessoa obrigada ao pagamento de tributo ou penalidade pecuniária.
> Parágrafo único. O sujeito passivo da obrigação principal diz-se:
> I – contribuinte, quando tenha relação pessoal e direta com a situação que constitua o respectivo fato gerador;
> II – responsável, quando, sem revestir a condição de contribuinte, sua obrigação decorra de disposição expressa de lei.

Sobre a figura do contribuinte e do responsável, ensina José Eduardo Soares de Melo:

> Numa esfera pré-jurídica, o legislador colhe a pessoa intimamente vinculada à realização da materialidade, que deve traduzir-se no mero índice de capacidade contributiva. A íntima conexão da pessoa com a materialidade é que tem a virtude de revelar a figura do contribuinte, porque, ao realizar o fato imponível, terá que recolher aos cofres públicos uma parte da respectiva grandeza econômica, qualificada como tributo.
> [...]
> O recolhimento do tributo pode também ser exigido de pessoa diversa daquela que realizou o fato típico tributário, ou seja, o responsável, que não reveste a condição de contribuinte, e sua obrigação decorre de expressa disposição de lei (art. 121, II, do CTN).[25]

Conforme leciona Eduardo Sabbag, "contribuinte é sujeito passivo direto. Sua responsabilidade é originária, existindo uma relação direta entre a pessoa que deve pagar o tributo (e/ou multa) e a

---

[24] AMARO, Luciano. **Direito Tributário Brasileiro.** 20ª. Ed. São Paulo: Saraiva, 2014. p. 323.
[25] MELO, José Eduardo Soares de. **Curso de Direito Tributário.** 10. ed. São Paulo: Dialética, 2012. pp. 273-275.

que participou diretamente do fato imponível, dele se beneficiando economicamente"[26].

Responsável, de outro lado, é "a pessoa que, sem se revestir da condição de contribuinte, tem sua obrigação decorrente de disposição expressa de lei. Assim, não tendo relação de natureza econômica, pessoal e direta com a situação que constitua o fato gerador, o responsável é sujeito passivo indireto (...)"[27]. Conforme Luciano Amaro, "A presença do responsável como devedor da obrigação tributária traduz uma modificação subjetiva do polo passivo da obrigação, na posição que, naturalmente, seria ocupada pela figura do contribuinte"[28].

Sobre a diferenciação entre contribuinte e responsável, elucida Maria Rita Ferragut:

> Contribuinte é a pessoa que realizou o fato jurídico tributário, e que cumulativamente encontra-se no polo passivo da relação obrigacional. Se uma das duas condições estiver ausente, ou o sujeito será o responsável, ou será realizador do fato jurídico, mas não o contribuinte. Praticar o evento, portanto, é condição necessária para essa qualificação, mas insuficiente.[29]

Sobre a figura do responsável enquanto um terceiro, Luciano Amaro esclarece que tal figura surge por razões que vão da conveniência do ente tributante até a necessidade:

> (...) Após definir o fato gerador e, "naturalmente", localizar a pessoa que deveria (ou poderia) ocupar o polo passivo da obrigação tributária na condição de contribuinte, o legislador pode ignorar este personagem e eleger como sujeito passivo outra pessoa (que tenha relação com o fato gerador).
> Esse personagem (que não é o contribuinte, nem, obviamente, ocupa o lugar do credor) é um terceiro, que não participa o binômio Fisco-contribuinte.
> A eleição desse terceiro, para figurar no polo passivo da obrigação tributária, decorre de razões que vão da conveniência até a necessidade. Há situações em que a única via possível para tornar eficaz a incidência do tributo

---

[26] SABBAG, Eduardo. **Manual de Direito Tributário**. 6. Ed. São Paulo: Saraiva, 2014. p. 727.
[27] SABBAG, Eduardo. **Manual de Direito Tributário**. 6. Ed. São Paulo: Saraiva, 2014. p. 728.
[28] AMARO, Luciano. **Direito Tributário Brasileiro**. 20. Ed. São Paulo: Saraiva, 2014. p. 329.
[29] FERRAGUT, Maria Rita. **Responsabilidade Tributária e o Código Civil de 2002**. São Paulo: Noeses, 2005. pp. 29-30.

é a eleição do terceiro responsável. Imagine-se, por exemplo, o imposto de renda sobre rendimentos de não residentes no País: a lei tem de escolher um terceiro (a fonte pagadora) como sujeito passivo (na condição de responsável) para viabilizar a incidência do tributo. Noutros casos, são razões de conveniência (para simplificar a arrecadação, ou para garantir sua eficácia) que determinam a eleição do terceiro como responsável.[30]

Tal responsabilidade tem origem no fato de que o Direito, especialmente o Direito Tributário, trata-se de ciência que reflete os valores de determinada sociedade em determinado momento histórico, não ficando imune a transformações[31]. Neste contexto, como busca pela praticabilidade tributária, o Estado utiliza-se de técnicas (normas de responsabilidade) para garantir a efetividade da aplicação da legislação tributária, simplificando sua aplicação e controle, em que pese, no mais das vezes, tal simplificação implique na desconsideração da justiça do caso concreto[32].

Isso porque a responsabilização no âmbito tributário não é de livre definição pelo ente tributante. Ela deve dar-se com supedâneo nos pressupostos estabelecidos no ordenamento jurídico-tributário, não sendo legítima qualquer atribuição de responsabilidade desvinculada das hipóteses legalmente previstas e sem a garantia do contraditório e da ampla defesa.

Dentre os requisitos para a responsabilidade tributária, destaca-se o presente no artigo 128 do Código Tributário Nacional:

---

[30] AMARO, Luciano. **Direito Tributário Brasileiro.** 20ª. Ed. São Paulo: Saraiva, 2014. p. 330.
[31] Referindo-se à tarefa do jurista, afirmou Gadamer: "(...) E para determinar com exatidão esse conteúdo não se pode prescindir de um conhecimento histórico do sentido original, e é só por isso que o interprete jurídico leva em conta o valor posicional histórico atribuído a uma lei em virtude do ato do legislador. No entanto, ele não pode prender-se ao que informam os protocolos parlamentares sobre a intenção dos que elaboram a lei. Ao contrário, deve admitir que as circunstâncias foram mudando, precisando assim determinar de novo a função normativa da lei" Gadamer, Hans-Georg. **Verdade e Método.** Trad. de Flávio Paulo Meurer; revisão da tradução de Enio Paulo Giachini – 8ª Ed. – Bragança Paulista, SP: Editora Universitária São Francisco, 2007. p. 429.
[32] Sobre a tensão entre a praticabilidade/simplificação fiscal, ver TIPKE, Klaus. LANG, Joachim. **Direito Tributário.** Trad. Luiz Dória Furquim. Porto Alegre: Sérgio Antônio Fabris Ed., 2008. pp. 232-235.

Art. 128. Sem prejuízo do disposto neste capítulo, a lei pode atribuir de modo expresso a responsabilidade pelo crédito tributário a terceira pessoa, vinculada ao fato gerador da respectiva obrigação, excluindo a responsabilidade do contribuinte ou atribuindo-a a este em caráter supletivo do cumprimento total ou parcial da referida obrigação.[33]

Conforme se verifica, a responsabilidade poderá ser atribuída àqueles que guardem relação com o fato gerador da respectiva obrigação. Sobre tal exigência, elucida Paulo de Barros Carvalho:

> Ao ler o versículo, vertido numa linguagem suficientemente clara, prepara-se o intérprete para assimilar um princípio genérico, que o ajude a compreender as mensagens subsequentes, reguladoras da *responsabilidade dos sucessores, da responsabilidade de terceiros e da responsabilidade por infrações*. E sua expectativa não se vê frustrada, porquanto há, verdadeiramente, enunciado feral, firmando diretriz, acompanhado de uma ressalva que serve de suporte aos arts. 129 *usque* 138. Anotemos o teor e a amplitude dessa *disposição geral* (art. 128), para saber o que dela é possível concluir.
> Quanto à fixação da responsabilidade pelo crédito tributário há dois rumos bem definidos: um interno à situação tributada; outro externo. Diremos logo que o externo tem supedâneo na frase excepcionadora, que inicia o período – *Sem prejuízo do disposto neste Capítulo* – e se desenrola no conteúdo prescritivo daqueles artigos que mencionamos (128 até 138). O caminho da eleição da responsabilidade pelo crédito tributário depositada numa terceira pessoa, vinculada ao *fato gerador*, nos conduz à pergunta imediata: mas quem será essa terceira pessoa? A resposta é pronta: qualquer uma, desde que não tenha relação pessoal e direta com o fato jurídico tributário, pois essa é chamada pelo nome de *contribuinte*, mesmo que, muitas vezes, para nada contribua. Sem embargo, haverá de ser colhida, obrigatoriamente, dentro da moldura do sucesso descrito pela norma. É o que determina o legislador.[34]

---

[33] BRASIL. Lei nº 5.172, de 25 de outubro de 1966. Dispõe sobre o Sistema Tributário Nacional e institui normas gerais de Direito Tributário aplicáveis à União, Estados e Municípios. **Diário Oficial da União**: seção 1, Brasília, DF, p. 12567 (Retificação), 31 out. 1966 ("CTN").
[34] CARVALHO, Paulo de Barros. **Curso de Direito Tributário**. 22 Ed. São Paulo: Saraiva, 2010. p. 384-385.

Ocorre que, na prática, muitas vezes, o que se verifica não condiz com o estabelecido normativamente. Os entes tributantes, aproveitando-se da sua posição de superior em relação ao contribuinte, decorrente da relação especial de poder do Estado, transbordam os limites da norma jurídica que determina a responsabilidade no caso concreto, desrespeitando as garantias mínimas do contribuinte.

Como exemplo de tal situação, podemos indicar os casos em que ocorre a inclusão de "responsáveis" no polo passivo de execuções fiscais sem que esses tenham participado do processo administrativo fiscal, desde que seus nomes constem das Certidões da Dívida Ativa[35], para, com tal inclusão, redirecionar execuções fiscais sem o respeito às hipóteses legais cabíveis.

Veja-se que o posicionamento adotado pelo Superior Tribunal de Justiça ("STJ") não é despido de consequências. Ao se aceitar a inclusão do nome do sócio independente de este ter participado do processo administrativo, há inversão da lógica normativa, passando ao sócio, em embargos, demonstrar que não agiu com excesso de poderes ou com infração à Lei. Soma-se ainda o fato de a Lei de Execuções Fiscais, Lei nº 6.830, de 22 de setembro de 1980, exigir a segurança do juízo para o conhecimento dos embargos à execução, acarretando duplo gravame ao jurisdicionado.

Neste contexto, o correto estabelecimento da estrutura da norma de responsabilidade, seus pressupostos e formalidades para sua aferição é de suma importância para superar as contradições verificadas em sua aplicação. Ao estabelecerem-se claramente os pressupostos de incidência da norma de responsabilidade, bem como os direitos e garantias no procedimento de sua aferição, corrobora-se a segurança jurídica do cidadão, princípio fundamental do Estado de Direito.

Assim, a inexistência da correta definição das estruturas de responsabilização tributária reflete-se tanto na prática fazendária que, muitas vezes, viola direitos dos contribuintes, não cumprindo sequer as determinações legais básicas, bem como na ausência de consenso jurispru-

---

[35] BRASIL. Superior Tribunal de Justiça. Recurso Especial nº 1010399/PR. Relatora Min. Eliana Calmon. Brasília, 20 maio 2008. **Diário de Justiça Eletrônico**, Brasília, RDDT vol. 158, p. 125. Disponível em: <http://www.stj.jus.br/SCON/jurisprudencia/toc.jsp?processo=1010399&&b=ACOR&thesaurus=JURIDICO&p=true>. Acesso em 25/06/2018.

dencial sobre a interpretação e aplicação de tais normas. Dita situação implica em grande insegurança jurídica para o jurisdicionado, decorrente da incerteza quanto ao resultado da aplicação da lei tributária[36]. Ora, em um Estado de Direito, o Estado deve levar a sério os direitos fundamentais de seus cidadãos e atuar de forma a sua máxima efetividade[37].

No que concerne à responsabilidade tributária propriamente dita, como bem destaca Hugo de Brito Machado[38], responsabilidade e dever, a princípio, não se confundem; a responsabilidade está sempre ligada ao descumprimento de um dever, *"à não-prestação"*.

Assim, a responsabilidade tributária é definida como *"a submissão de determinada pessoa, contribuinte ou não, ao direito do fisco de exigir a prestação da obrigação tributária"* e, em sentido estrito, como *"a submissão, em virtude de disposição legal expressa, de determinada pessoa que não é contribuinte, mas está vinculada ao fato gerador da obrigação tributária, ao direito do fisco de exigir a prestação respectiva"*[39].

A norma de incidência de responsabilidade tributária, por suas características, tem natureza de regra[40], ou seja, ou estão preenchidos todos os seus requisitos e a norma incide, ou, não estando presentes, essa não tem aplicação.

Por conseguinte, como a incidência da norma de responsabilidade tributária acarreta um dever legal de obediência ao "responsável", ou seja, há um agravamento da situação do sujeito, o procedimento de verificação

---

[36] Sobre a segurança no lançamento do crédito tributário, ver. PAULSEN, Leandro, **Segurança jurídica, certeza do direito e tributação: a concretização da certeza quanto à instituição de tributos através das garantias da legalidade, da irretroatividade e da anterioridade.** Porto Alegre, Livraria do Advogado Ed: 2006. Passim. Já sobre a "loteria" do judiciário, CAMBI, Eduardo. **Jurisprudência Lotérica.** Revista dos Tribunais. Vol. 786. pp. 108-128.

[37] ALEXY, Robert. Direitos Fundamentais no estado constitucional democrático. In: **Constitucionalismo discursivo;** trad. Luis Afonso Heck. Porto Alegre: Livraria do Advogado Ed., 2007. pp. 41-54. Sobre a atuação do estado de acordo com a dupla dimensão dos direitos fundamentais, ver. SARLET. Ingo Wolfgang. **A eficácia dos direitos fundamentais.** 8ª ed. atual e rev. Porto Alegre: Livraria do Advogado Ed., 2007, *passim*.

[38] MACHADO, Hugo de Brito. **Curso de Direito Tributário.** 34ª Ed. São Paulo: Malheiros, 2013. p. 154.

[39] MACHADO, Hugo de Brito. **Curso de Direito Tributário.** 34ª Ed. São Paulo: Malheiros, 2013. p. 154.

[40] ÁVILA, Humberto. **Teoria dos Princípio, da definição à aplicação do princípios jurídicos.** 4ª Ed. São Paulo: Malheiros, 2005. Passim.

dos pressupostos de fato para a incidência da norma deve ser pautado pela observância dos direitos e garantias dos cidadãos, ampla defesa e o contraditório (Constituição Federal, art. 5, inciso LV), especialmente no Direito Tributário, no qual há uma relação especial de poder[41].

1.1.2. Diferenciação das Responsabilidades no Ordenamento Jurídico Brasileiro: Código Civil, Código de Defesa do Consumidor e Código Tributário Nacional

O instituto da responsabilidade está inserido no ordenamento jurídico brasileiro não só no Direito Tributário, como também nos Direitos Civil e do Consumidor, onde, igualmente, possui significante importância.

A responsabilidade civil, pois, se consubstancia na obrigação de indenizar, moral ou patrimonialmente, o dano causado à terceiro, seja pelos atos praticados por si, seja por aqueles em nome de quem a pessoa está obrigada, conforme define Maria Helena Diniz:

> A responsabilidade civil é a aplicação de medidas que obriguem uma pessoa a reparar dano moral ou patrimonial causado a terceiro, em razão de ato por ela mesma praticado, por pessoa por quem ela responde, por alguma coisa a ela pertencente ou de simples imposição legal.[42]

Nas palavras de Nery, "usa-se a expressão responsabilidade civil para aludir-se à consequência da imputação civil do dano ao sujeito, ou ao ente que lhe deu causa, ou que objetivamente responde pela indenização"[43]. Para que seja verificada a relação jurídica de responsabilidade civil – isto é, para que sejam verificados os requisitos para o surgimento do dever de indenizar – deverão ser verificadas certas condições, quais sejam, a conduta antijurídica (ato ilícito), o dano, a culpa, o nexo de causalidade e o nexo de imputação[44].

---

[41] COUTO E SILVA, Almiro. Princípios da legalidade da administração pública e da segurança jurídica no Estado de Direito contemporâneo. In: Revista da procuradoria-geral do Estado. Porto Alegre: Procuradoria-Geral do Estado do Rio Grande do Sul, 1971. p. 22.

[42] DINIZ, Maria Helena. **Curso de Direito Civil Brasileiro**. vol. 7. 20ª. ed. São Paulo: Saraiva, 2005. p.

[43] NERY, Rosa Maria de Andrade. NEY JUNIOR, Nelson. **Instituições de Direito Civil: direito das obrigações**. vol. 2. São Paulo: Editora Revista dos Tribunais, 2015. p. 401.

[44] MIRAGEM, Bruno Nubens Barbosa. **Direito Civil: responsabilidade civil**. São Paulo: Saraiva, 2015. p. 116.

Ato ilícito, para fins da responsabilidade civil, caracteriza-se como o ato proveniente, direta ou indiretamente, da vontade do agente e que ocasiona efeitos jurídicos contrários ao ordenamento[45]. O dano, por sua vez, para que seja possível de indenização, deverá ser o dano injusto, isto é, aquele causado por ação de outrem e que ocasione violação ao direito da vítima, de modo a causar uma lesão ao patrimônio ou à própria pessoa[46]. Culpa, de outra parte, será a inobservância de um dever que o agente devia conhecer e observar"[47], podendo ser uma conduta intencional – dolo – ou ainda eivada de negligência, imprudência ou imperícia – culpa em sentido estrito[48].

Nexo de causalidade é o vínculo existente entre a conduta antijurídica do agente e o dano causado à vítima e que permite identificar a causa apta a determinar a ocorrência do dano[49]. Por fim, nexo de imputação, ou imputabilidade, será o pressuposto que permitirá que o agente seja responsabilizado pelo dano causado[50].

Admite-se, ainda, a divisão da responsabilidade civil em categorias. A responsabilidade contratual, assim entendida aquela que decorre da consequência jurídica de as partes cumprirem o contrato, adimplindo as obrigações assumidas por meio deste[51], e a extracontratual, que será aquela decorrente do dever legal, não pressupondo um negócio jurídico válido em que esteja previsto o dever de indenização[52].

Poderá, ainda, ser classificada como subjetiva, hipótese na qual deverá ser verificado, na conduta do agente, a existência de elementos que

---

[45] VENOSA, Sílvio de Salvo. **Direito Civil: Responsabilidade civil**. v. 4. 2ª. ed. São Paulo: Atlas, 2002. p. 21.

[46] MIRAGEM, Bruno Nubens Barbosa. **Direito Civil: responsabilidade civil**. São Paulo: Saraiva, 2015. p. 158.

[47] VENOSA, Sílvio de Salvo. **Direito Civil: Responsabilidade civil**. v. 4. 2ª. ed. São Paulo: Atlas, 2002. p. 21.

[48] VENOSA, Sílvio de Salvo. **Direito Civil: Responsabilidade civil**. v. 4. 2ª. ed. São Paulo: Atlas, 2002. p. 22.

[49] MIRAGEM, Bruno Nubens Barbosa. **Direito Civil: responsabilidade civil**. São Paulo: Saraiva, 2015. p. 219.

[50] VENOSA, Sílvio de Salvo. **Direito Civil:** Responsabilidade civil. v. 4. 2ª. ed. São Paulo: Atlas, 2002. p. 51.

[51] NERY, Rosa Maria de Andrade. NEY JUNIOR, Nelson. **Instituições de Direito Civil: direito das obrigações**. vol. 2. São Paulo: Editora Revista dos Tribunais, 2015. p. 413.

[52] MIRAGEM, Bruno Nubens Barbosa. **Direito Civil: responsabilidade civil**. São Paulo: Saraiva, 2015. p. 93.

constituam culpa ou dolo[53], e a objetiva, quando o dever de indenização não esteja vinculado à existência de culpa e dolo por parte do responsável[54].

A responsabilidade civil, pois, está disciplinada nos artigos 927 e seguintes do Código Civil de 2002[55], os quais definem, em linhas gerais, as características do instituto e sua aplicabilidade no âmbito civil.

Em linhas gerais, a responsabilidade civil decorre da prática de atos definidos pela lei civil como ilícitos. Praticam atos ilícitos, no âmbito civil, aqueles que por ação, omissão, negligência ou imprudência violam direito ou causam dano a outra pessoa, ainda que meramente formal, ou que excedem os limites de seu direito. A obrigação de indenização pelos danos independerá de culpa apenas quando a lei assim o definir.

Além da responsabilidade pessoal pelos atos praticados, o Direito Civil igualmente prevê a responsabilidade de terceiros pelos atos ilícitos praticados por aqueles que representem. Neste contexto, o artigo 932 do Código Civil estabelece as hipóteses de responsabilidade de terceiros, conforme segue:

> Art. 932. São também responsáveis pela reparação civil:
> I – os pais, pelos filhos menores que estiverem sob sua autoridade e em sua companhia;
> II – o tutor e o curador, pelos pupilos e curatelados, que se acharem nas mesmas condições;
> III – o empregador ou comitente, por seus empregados, serviçais e prepostos, no exercício do trabalho que lhes competir, ou em razão dele;
> IV – os donos de hotéis, hospedarias, casas ou estabelecimentos onde se albergue por dinheiro, mesmo para fins de educação, pelos seus hóspedes, moradores e educandos;
> V – os que gratuitamente houverem participado nos produtos do crime, até a concorrente quantia.

---

[53] MIRAGEM, Bruno Nubens Barbosa. **Direito Civil: responsabilidade civil**. São Paulo: Saraiva, 2015. p. 101.
[54] MIRAGEM, Bruno Nubens Barbosa. **Direito Civil: responsabilidade civil**. São Paulo: Saraiva, 2015. p. 104.
[55] BRASIL. Lei nº 10.406, de 10 de janeiro de 2002. Institui o Código Civil. Diário Oficial da União: seção 1, Brasília, DF, ano 139, n. 8, p. 1-74, 11 jan. 2002 ("Código Civil").

Nos casos estabelecidos nos incisos acima destacados, tratar-se-á, pois, de hipótese de responsabilidade independente de culpa, sendo estes responsáveis pela indenização dos atos praticados pelos terceiros ali indicados.

Em tais situações, a responsabilização indireta do terceiro tem caráter excepcional e impõe a supressão da vinculação da responsabilidade com a culpa individual, em prol da proteção da vítima, imputando-se o dever de indenização a pessoa que detenha melhores condições de fazê-lo[56].

Tal circunstância, em que o dever de indenização é atribuído a terceiro, não afasta a possibilidade de reparação ao terceiro responsável, que poderá ser efetivado mediante ação de regresso[57] daquele que respondeu pelo dano, em face de quem o tenha causado[58].

Também no âmbito civil é de suma importância a responsabilidade dos sócios sobre as obrigações da sociedade, quando o patrimônio desta não seja suficiente para saldá-la, conforme definido no artigo 1.023 do Código Civil[59]. Neste caso, responderão com seus bens apenas depois de esgotados os bens sociais passíveis de utilização para cumprimento da obrigação.

No âmbito das sociedades limitadas, tal responsabilização estará limitada ao valor de suas quotas, conforme estabelece o artigo 1.052 do Código Civil[60]. No caso das sociedades por ações, tal responsabilidade se limitará ao preço de emissão das ações subscritas ou adquiridas, conforme o artigo 1º da Lei nº 6.404/1976[61]. Já no caso das sociedades por comandita simples, os comanditados responderão solidária e ilimitada-

---

[56] MIRAGEM, Bruno Nubens Barbosa. **Direito Civil: responsabilidade civil**. São Paulo: Saraiva, 2015. p. 302.
[57] Artigo 934 do Código Civil.
[58] MIRAGEM, Bruno Nubens Barbosa. **Direito Civil: responsabilidade civil**. São Paulo: Saraiva, 2015. p. 322.
[59] Art. 1.023. Se os bens da sociedade não lhe cobrirem as dívidas, respondem os sócios pelo saldo, na proporção em que participem das perdas sociais, salvo cláusula de responsabilidade solidária.
[60] Art. 1.052. Na sociedade limitada, a responsabilidade de cada sócio é restrita ao valor de suas quotas, mas todos respondem solidariamente pela integralização do capital social.
[61] Art. 1º. A companhia ou sociedade anônima terá o capital dividido em ações, e a responsabilidade dos sócios ou acionistas será limitada ao preço de emissão das ações subscritas ou adquiridas.

mente pelas obrigações sociais, enquanto os comanditários, somente pelo valor de suas quotas, na forma do artigo 1.045 do Código Civil[62].

A responsabilidade civil do sócio não se limita ao período em que este consta no quadro social, alcançando o período anterior a sua admissão como sócio, à luz do que prescreve o artigo 1.025 do Código Civil.

Também há previsão no Código Civil da possibilidade de o credor de dívida de sócio da sociedade, no caso de insuficiência de bens destes para saldar a dívida, fazer recair a execução de seu direito sobre os lucros da sociedade ou sobre o resultado de sua liquidação, limitado à parte que tocar ao sócio devedor.

Já no caso do Direito do Consumidor, a responsabilidade é decorrente de fato ou de vício do produto ou serviço, na forma dos artigos 12 e 14 do Código de Defesa do Consumidor[63]:

> Art. 12. O fabricante, o produtor, o construtor, nacional ou estrangeiro, e o importador respondem, independentemente da existência de culpa, pela reparação dos danos causados aos consumidores por defeitos decorrentes de projeto, fabricação, construção, montagem, fórmulas, manipulação, apresentação ou acondicionamento de seus produtos, bem como por informações insuficientes ou inadequadas sobre sua utilização e riscos.
> [...]
> Art. 14. O fornecedor de serviços responde, independentemente da existência de culpa, pela reparação dos danos causados aos consumidores por defeitos relativos à prestação dos serviços, bem como por informações insuficientes ou inadequadas sobre sua fruição e riscos.

Conforme se extrai dos dispositivos acima, a responsabilidade, no âmbito do direito do consumidor, decorre da responsabilização do fornecedor pelos danos causados em face do defeito na concepção, produção, comercialização ou fornecimento do produto ou serviço, que impõe

---

[62] Art. 1.045. Na sociedade em comandita simples tomam parte sócios de duas categorias: os comanditados, pessoas físicas, responsáveis solidária e ilimitadamente pelas obrigações sociais; e os comanditários, obrigados somente pelo valor de sua quota.

[63] BRASIL. Lei nº 8.078, de 11 de Setembro de 1990. Dispõe sobre a proteção do consumidor e dá outras providências. Diário Oficial da União: 12 set. 1990 ("Código de Defesa do Consumidor").

seu dever de indenizar, em razão da violação do dever geral de segurança nas relações de consumo[64].

A indenização pelo fato do produto ou do serviço é, pois, imposta ao fornecedor, ao qual incumbe o dever de provar a ausência de nexo causal ou a culpa exclusiva da vítima para eximir-se da obrigação de indenizar[65].

Dentro de tais normas, o legislador buscou suprir toda e qualquer situação de fato em que exista desequilíbrio entre consumidor e fornecedor, não só no âmbito das relações de consumo, como fora dela, nas situações em que equipara a vítima ao consumidor. Tal responsabilização tem o fim de reparar os danos causados pelo fato do produto, tanto do ponto-de-vista dos interesses patrimoniais quanto extrapatrimoniais que sejam lesados pela conduta do fornecedor[66].

Esta espécie de responsabilidade distingue-se da responsabilidade civil geral pela não inclusão da culpa como elemento necessário ao suporte fático da norma que determina a responsabilização, não havendo necessidade de comprovar-se que o fornecedor tem culpa, assim como ocorre no caso da responsabilidade civil geral[67]. Trata-se, pois, de uma responsabilidade objetiva do fornecedor nas relações de consumo.

Ademais, há a inclusão do requisito do defeito para que haja a responsabilização pelo fato do produto ou do serviço. Defeito caracteriza-se por uma violação ao dever de segurança do fornecedor em relação ao produto comercializado[68].

Assim, a responsabilidade pelo fato do produto ou do serviço, no âmbito do direito do consumidor, tem como elementos: a conduta, o dano, o nexo de causalidade e o defeito[69].

---

[64] MIRAGEM, Bruno Nubens Barbosa. **Direito Civil: responsabilidade civil**. São Paulo: Saraiva, 2015. p. 494-495.
[65] VENOSA, Sílvio de Salvo. **Direito Civil: Responsabilidade civil**. v. 4. 2ª. ed. São Paulo: Atlas, 2002. p. 150-151.
[66] MIRAGEM, Bruno Nubens Barbosa. **Direito Civil: responsabilidade civil**. São Paulo: Saraiva, 2015. p. 497.
[67] MIRAGEM, Bruno Nubens Barbosa. **Direito Civil: responsabilidade civil**. São Paulo: Saraiva, 2015. p. 501.
[68] MIRAGEM, Bruno Nubens Barbosa. **Direito Civil: responsabilidade civil**. São Paulo: Saraiva, 2015. p. 502-503.
[69] MIRAGEM, Bruno Nubens Barbosa. **Direito Civil: responsabilidade civil**. São Paulo: Saraiva, 2015. p. 505.

No caso da responsabilidade de terceiros, o Código de Defesa do Consumidor prevê a hipótese de desconsideração da personalidade jurídica, sendo o sócio responsável pela reparação do dano causado ao consumidor, quando praticados atos com abuso de direito, excesso de poder, infração à lei, ato ou ato ilícito ou violação dos estatutos ou contrato social, conforme disciplina o seu artigo 28.

Tal responsabilização também será aplicada no caso de falência, insolvência, encerramento ou inatividade da pessoa jurídica decorrentes de má administração. Também há previsão da responsabilidade subsidiária de sociedades integrantes do mesmo grupo empresarial. Sociedades consorciadas, por sua vez, serão solidariamente responsáveis pelas obrigações decorrentes da legislação consumerista e coligadas, quando verificada a existência de culpa.

Por fim, a legislação consumerista prevê a possibilidade de desconsideração da personalidade jurídica de sociedades criadas para impedir o ressarcimento de prejuízos causados aos consumidores em geral.

No âmbito do Direito Tributário, a responsabilidade está prevista nos artigos 128 a 138 do Código Tributário Nacional. Em linhas gerais, os limites da responsabilidade tributária são estabelecidos no artigo 128 do referido Diploma, que, conforme anteriormente mencionado, estabelece que esta será atribuída de modo expresso pela lei e que deverá ser ligada a terceira pessoa vinculada ao fato gerador.

Veja-se que no art. 128 do CTN se utiliza da expressão "responsabilidade" em sentido amplo. Essa norma, segundo Sacha Calmon, contém a previsão de dois tipos de responsabilidade: a) responsabilidade por transferência e b) responsabilidade por "substituição"[70].

Com a utilização de tal técnica legislativa permite-se a eleição de um sujeito passivo responsável pelo fato gerador independente da ocorrência de *"não-prestação"*, inclusive com a possibilidade de total exoneração da responsabilidade do contribuinte responsável originário; ou seja, é possível a total desvinculação do dever da responsabilidade. Tal técnica é utilizada, por exemplo, na "substituição" tributária.

---

[70] COÊLHO, Sacha Calmon Navarro. **Curso de Direito Tributário**. Rio de Janeiro: Forense, 2008. p. 691.

Percebe-se que na figura da responsabilidade por transferência (arts. 129 e seguintes do CTN) não há total desvinculação entre dever e responsabilidade, pois, ainda que mitigada, há dever e responsabilidade originária ao contribuinte propriamente dito. Já na "responsabilidade por substituição" não há que se falar em verdadeira responsabilidade, mas dever originário de cumprir a obrigação tributária por sujeito diferente do que praticou o fato a partir do qual se deu a incidência da norma tributária. Há ainda a figura do "responsável pela retenção" que possui apenas dever legal de fazer (reter o tributo), não se podendo falar sequer em responsabilidade em sentido amplo de acordo com os termos do artigo 128 do CTN.

Assim, o Código Tributário Nacional estabelece a disciplina da responsabilidade por transferência, segregando-a em responsabilidade por sucessão (arts. 129 a 133) e responsabilidade de terceiros (arts. 134 e 135). Tais modalidades serão melhor conceituadas no capítulo seguinte.

Por fim, o Código Tributário Nacional estabelece as hipóteses de responsabilidade por infrações em seus artigos 136 a 138. Nestes, estabelece que a responsabilidade por infrações em matéria tributária independerá da intenção do agente ou do responsável e dos efeitos do ato praticado.

O artigo 137, por sua vez, define as hipóteses em que a responsabilidade tributária terá cunho pessoal, conforme segue:

> Art. 137. A responsabilidade é pessoal ao agente:
> I – quanto às infrações conceituadas por lei como crimes ou contravenções, salvo quando praticadas no exercício regular de administração, mandato, função, cargo ou emprego, ou no cumprimento de ordem expressa emitida por quem de direito;
> II – quanto às infrações em cuja definição o dolo específico do agente seja elementar;
> III – quanto às infrações que decorram direta e exclusivamente de dolo específico:
> a) das pessoas referidas no artigo 134, contra aquelas por quem respondem;
> b) dos mandatários, prepostos ou empregados, contra seus mandantes, preponentes ou empregadores;
> c) dos diretores, gerentes ou representantes de pessoas jurídicas de direito privado, contra estas.

Por fim, o artigo 138[71] prevê a possibilidade de exclusão da responsabilidade por infrações, quando ocorrida a denominada denúncia espontânea, desde que acompanhada do pagamento do tributo devido e dos encargos moratórios. Nas palavras de José Eduardo Soares de Melo, a denúncia espontânea *"trata-se da situação em que os contribuintes e/ou responsáveis apuram a existência de infrações relativas a fato gerador, ou aos deveres acessórios"*[72] e realizam a denúncia desta infração aos entes tributantes, recolhendo os tributos devidos, acrescidos dos encargos de natureza moratória.

Com a comunicação da respectiva infração às autoridades tributárias, acompanhada do prévio recolhimento do tributo, exclui-se a responsabilidade do contribuinte ou do responsável pela infração cometida[73]. Tal denúncia da infração somente será viável quando operada anteriormente ao início de qualquer procedimento administrativo ou medida de fiscalização[74], sob pena de perder-se a espontaneidade, requisito para exclusão da responsabilidade pelas infrações[75].

1.2. Das Espécies de Responsabilidade Tributária

1.2.1. *Das Modalidades de Responsabilidade Tributária*

As obrigações tributárias, tanto principais quanto acessórias, comportam um sem número de situações e, portanto, possuem características que as diferenciam entre si, frente ao universo de hipóteses sobre as quais o Direito Tributário versa.

---

[71] Art. 138. A responsabilidade é excluída pela denúncia espontânea da infração, acompanhada, se for o caso, do pagamento do tributo devido e dos juros de mora, ou do depósito da importância arbitrada pela autoridade administrativa, quando o montante do tributo dependa de apuração.

[72] MELO, José Eduardo Soares de. **Curso de Direito Tributário**. 10ª. ed. São Paulo: Dialética, 2012. p. 305.

[73] MELO, José Eduardo Soares de. **Curso de Direito Tributário**. 10ª. ed. São Paulo: Dialética, 2012. p. 309.

[74] Art. 138 [...] Parágrafo único. Não se considera espontânea a denúncia apresentada após o início de qualquer procedimento administrativo ou medida de fiscalização, relacionados com a infração.

[75] AMARO, Luciano. **Direito Tributário Brasileiro**. São Paulo: Saraiva, 2014. p. 478.

Tais características, por serem intrínsecas ao Direito Tributário e à sua complexidade e diversidade no Brasil, impõem, também, a criação de diversas modalidades de responsabilidade tributária, para, como anteriormente ressaltado, em brinde ao conceito de praticabilidade, permitir ao Estado a efetivação de seu direito de crédito em face daqueles que praticam o fato tributariamente imponível.

Assim, a responsabilidade, ou sujeição passiva indireta, consubstancia-se na *"submissão ao direito de crédito do Fisco, em virtude de expressa determinação legal, de pessoa diversa do contribuinte, desde que tenha vínculo indireto com a situação que corresponda ao fato gerador (art. 128 do CTN)"*[76].

Tal responsabilidade se dará por duas modalidades: por substituição ou por transferência. Tais modalidades são assim definidas por Luciano Amaro:

> A doutrina pátria, já antes do advento do Código Tributário Nacional, costumava identificar duas modalidades básicas: a da *substituição* e a da *transferência*. A diferença entre ambas estaria em que, na *substituição*, a lei desde logo põe o "terceiro" no lugar da pessoa que naturalmente seria definível como contribuinte, ou seja, a obrigação tributária já nasce com seu polo passivo ocupado por um *substituto legal tributário*. Diversamente, na *transferência*, a obrigação de um devedor (que pode ser um contribuinte ou um responsável) é deslocada para outra pessoa, em razão de algum evento. Por exemplo, incorporada a empresa "A", a obrigação tributária de que ela era sujeito passivo (na condição de contribuinte ou de responsável) é *transferida* para a incorporadora (que passa a figurar como *responsável*). Pode ocorrer, portanto, que a obrigação tributária de um sujeito passivo que já possua a condição de responsável se transfira para outra pessoa, que também se dirá responsável.
>
> Essa classificação das formas de sujeição passiva indireta diz respeito ao momento em que alguém, que não seria definível como contribuinte, ingressaria no polo passivo da obrigação, ocupando a posição de devedor. Por várias razões isso poderia dar-se no instante mesmo do nascimento da obrigação, a exemplo do imposto de renda incidente na fonte, em que a figura do beneficiário da renda (que seria naturalmente o contribuinte) seria, *desde logo, substituída* por terceiro (a fonte pagadora). Já a *transferência*, diver-

---

[76] SABBAG, Eduardo. **Manual de Direito Tributário**. 6ª. Ed. São Paulo: Saraiva, 2014. p. 725.

samente, dependeria de um evento cuja ocorrência viesse a *deslocar* para um terceiro a condição de devedor. A *sucessão* é apresentada como o exemplo mais típico de responsabilidade por transferência, pois a obrigação que era do sucedido desloca-se, em razão do evento sucessório, para a pessoa do sucessor.[77]

No caso da responsabilidade por transferência, admite-se, ainda, a divisão em 3 subcategorias, quais sejam: (i) a responsabilidade por solidariedade; (ii) a responsabilidade por sucessão; e (iii) a responsabilidade de terceiros.

A responsabilidade por substituição possui ampla aplicabilidade no Direito Tributário brasileiro, impactando diretamente nas transações comerciais e estando amplamente ligada, principalmente, ao Imposto sobre Operações Relativas à Circulação de Mercadorias e sobre Prestações de Serviços de Transporte Interestadual, Intermunicipal e de Comunicação (ICMS), quando incidente na modalidade de "Substituição Tributária"[78].

Por esta modalidade de responsabilização tributária, o contribuinte originalmente sujeito à incidência do tributo é substituído por outra pessoa (física ou jurídica), que, estando diretamente vinculada ao fato gerador tributário, passa a ser responsável pelo recolhimento dos tributos incidentes sobre determinada operação.

Conforme José Eduardo Soares de Melo, *"trata-se a substituição de imputação de responsabilidade por obrigação tributária de terceiro que não praticou o fato gerador, mas que tem vinculação indireta com o real contribuinte"*[79].

Por esta modalidade de responsabilidade, o legislador retira integralmente a responsabilidade do contribuinte que realiza o fato gerador, encarregando um terceiro (substituto) da obrigação tributária, como se dívida própria o fosse. O contribuinte substituído não é devedor da

---

[77] AMARO, Luciano. **Direito Tributário Brasileiro.** São Paulo: Saraiva, 2014. pp. 333-334.
[78] BRASIL. Lei Complementar nº 87, de 13 de setembro de 1996. Dispõe sobre o imposto dos Estados e do Distrito Federal sobre operações relativas à circulação de mercadorias e sobre prestações de serviços de transporte interestadual e intermunicipal e de comunicação, e dá outras providências. ("LEI KANDIR"). **Diário Oficial da União:** 16 set. 1996. p. 18261.
[79] MELO, José Eduardo Soares de. **Curso de Direito Tributário.** 10ª. ed. São Paulo: Dialética, 2012. pp. 273-283.

obrigação pecuniária decorrente do fato gerador que praticou ou que venha a praticar.

Referida espécie de responsabilidade poderá se dar de modo regressivo, quando há uma atribuição de responsabilidade *"a uma pessoa distinta da obrigação tributária já concretizada, por razões de comodidade, praticidade"*[80]. Tal modalidade ocorre, por exemplo, nas hipóteses de diferimento da tributação, quando ocorre uma postergação da exigência do tributo para momento posterior.

Também é possível a ocorrência da substituição progressiva. Neste caso, *"o legislador indica uma pessoa responsável pelo recolhimento de um determinado valor (referido como tributo), relativamente a fato futuro e incerto, com alocação de valor (também incerto), havendo definição, por antecipação, do sujeito passivo de uma obrigação não acontecida, que se presume venha a ser realizada no futuro"*[81].

Tal modalidade de substituição foi introduzida no ordenamento jurídico por meio da Lei Complementar nº 44, de 07 de dezembro de 1983, passando, posteriormente, a integrar o texto constitucional, por meio da Emenda Constitucional nº 3, de 17 de março de 1993, que incluiu o parágrafo 7º no artigo 150 da Carta Magna de 1988, dispondo que:

> A lei poderá atribuir a sujeito passivo de obrigação tributária a condição de responsável pelo pagamento de imposto ou contribuição, cujo fato gerador deva ocorrer posteriormente, assegurada a imediata e preferencial restituição da quantia paga, caso não se realize o fato gerador presumido.

Este é o caso das cobranças do ICMS na modalidade de Substituição Tributária ("ST").

Importante destacar, no que concerne à possibilidade de restituição do valor pago em caso de não ocorrência do fato gerador presumido, que muito se debateu na doutrina e jurisprudência sobre a possibilidade de realização de sua restituição.

O posicionamento primeiramente adotado pelo Supremo Tribunal Federal ("STF") e que, por muito tempo foi aplicado, era no sentido de

---

[80] MELO, José Eduardo Soares de. **Curso de Direito Tributário**. 10ª. ed. São Paulo: Dialética, 2012. p. 284.

[81] MELO, José Eduardo Soares de. **Curso de Direito Tributário**. 10ª. ed. São Paulo: Dialética, 2012. p. 284.

que tal restituição somente seria viável no caso de não ocorrência do fato gerador presumido, posicionamento originado no acórdão que julgou a Ação Direta de Inconstitucionalidade nº 1851[82].

Tal posicionamento somente fora revisto em recente decisão do Supremo Tribunal Federal que garantiu a restituição do valor pago a maior caso, no momento da efetivação do fato gerador, este se dê em valor inferior ao valor presumido:

---

[82] EMENTA: TRIBUTÁRIO. ICMS. SUBSTITUIÇÃO TRIBUTÁRIA. CLÁUSULA SEGUNDA DO CONVÊNIO 13/97 E §§ 6º E 7º DO ART. 498 DO DEC. Nº 35.245/91 (REDAÇÃO DO ART. 1º DO DEC. Nº 37.406/98), DO ESTADO DE ALAGOAS. ALEGADA OFENSA AO § 7º DO ART. 150 DA CF (REDAÇÃO DA EC 3/93) E AO DIREITO DE PETIÇÃO E DE ACESSO AO JUDICIÁRIO. Convênio que objetivou prevenir guerra fiscal resultante de eventual concessão do benefício tributário representado pela restituição do ICMS cobrado a maior quando a operação final for de valor inferior ao do fato gerador presumido. Irrelevante que não tenha sido subscrito por todos os Estados, se não se cuida de concessão de benefício (LC 24/75, art. 2º, INC. 2º). Impossibilidade de exame, nesta ação, do decreto, que tem natureza regulamentar. A EC nº 03/93, ao introduzir no art. 150 da CF/88 o § 7º, aperfeiçoou o instituto, já previsto em nosso sistema jurídico-tributário, ao delinear a figura do fato gerador presumido e ao estabelecer a garantia de reembolso preferencial e imediato do tributo pago quando não verificado o mesmo fato a final. A circunstância de ser presumido o fato gerador não constitui óbice à exigência antecipada do tributo, dado tratar-se de sistema instituído pela própria Constituição, encontrando-se regulamentado por lei complementar que, para defini-lhe a base de cálculo, se valeu de critério de estimativa que a aproxima o mais possível da realidade. A lei complementar, por igual, definiu o aspecto temporal do fato gerador presumido como sendo a saída da mercadoria do estabelecimento do contribuinte substituto, não deixando margem para cogitar-se de momento diverso, no futuro, na conformidade, aliás, do previsto no art. 114 do CTN, que tem o fato gerador da obrigação principal como a situação definida em lei como necessária e suficiente à sua ocorrência. O fato gerador presumido, por isso mesmo, não é provisório, mas definitivo, não dando ensejo a restituição ou complementação do imposto pago, senão, no primeiro caso, na hipótese de sua não-realização final. Admitir o contrário valeria por despojar-se o instituto das vantagens que determinaram a sua concepção e adoção, como a redução, a um só tempo, da máquina-fiscal e da evasão fiscal a dimensões mínimas, propiciando, portanto, maior comodidade, economia, eficiência e celeridade às atividades de tributação e arrecadação. Ação conhecida apenas em parte e, nessa parte, julgada improcedente.
(BRASIL. Supremo Tribunal Federal. Ação Direta de Inconstitucionalidade nº 1851. Relator Min. Ilmar Galvão. Brasília, 08 maio 2002. **Diário de Justiça**, Brasília, 13 dez. 2002. Disponível em: <http://www.stf.jus.br/portal/processo/verProcessoAndamento.asp?numero=1851&classe=ADI&codigoClasse=0&origem=JUR&recurso=0&tipoJulgamento=M>. Acesso em 25/06/2018.)

RECURSO EXTRAORDINÁRIO. REPERCUSSÃO GERAL. DIREITO TRIBUTÁRIO. IMPOSTO SOBRE CIRCULAÇÃO DE MERCADORIAS E SERVIÇOS – ICMS. SUBSTITUIÇÃO TRIBUTÁRIA PROGRESSIVA OU PARA FRENTE. CLÁUSULA DE RESTITUIÇÃO DO EXCESSO. BASE DE CÁLCULO PRESUMIDA. BASE DE CÁLCULO REAL. RESTITUIÇÃO DA DIFERENÇA. ART. 150, §7º, DA CONSTITUIÇÃO DA REPÚBLICA. REVOGAÇÃO PARCIAL DE PRECEDENTE. ADI 1.851. 1. Fixação de tese jurídica ao Tema 201 da sistemática da repercussão geral: "É devida a restituição da diferença do Imposto sobre Circulação de Mercadorias e Serviços – ICMS pago a mais no regime de substituição tributária para frente se a base de cálculo efetiva da operação for inferior à presumida". 2. A garantia do direito à restituição do excesso não inviabiliza a substituição tributária progressiva, à luz da manutenção das vantagens pragmáticas hauridas do sistema de cobrança de impostos e contribuições. 3. O princípio da praticidade tributária não prepondera na hipótese de violação de direitos e garantias dos contribuintes, notadamente os princípios da igualdade, capacidade contributiva e vedação ao confisco, bem como a arquitetura de neutralidade fiscal do ICMS. 4. O modo de raciocinar "tipificante" na seara tributária não deve ser alheio à narrativa extraída da realidade do processo econômico, de maneira a transformar uma ficção jurídica em uma presunção absoluta. 5. De acordo com o art. 150, §7º, in fine, da Constituição da República, a cláusula de restituição do excesso e respectivo direito à restituição se aplicam a todos os casos em que o fato gerador presumido não se concretize empiricamente da forma como antecipadamente tributado. 6. Altera-se parcialmente o precedente firmado na ADI 1.851, de relatoria do Ministro Ilmar Galvão, de modo que os efeitos jurídicos desse novo entendimento orientam apenas os litígios judiciais futuros e os pendentes submetidos à sistemática da repercussão geral. 7. Declaração incidental de inconstitucionalidade dos artigos 22, §10, da Lei 6.763/1975, e 21 do Decreto 43.080/2002, ambos do Estado de Minas Gerais, e fixação de interpretação conforme à Constituição em relação aos arts. 22, §11, do referido diploma legal, e 22 do decreto indigitado. 8. Recurso extraordinário a que se dá provimento.[83]

---

[83] Brasil. Supremo Tribunal Federal. Recurso Extraordinário nº 593.849. Relator Min. Edson Fachin. Brasília, 19 out. 2016. Diário de Justiça Eletrônico, Brasília, 05 abr. 2017. Disponível em: <http://www.stf.jus.br/portal/processo/verProcessoAndamento.asp?numero

Sendo assim, a responsabilidade tributária por substituição poderá ser "para trás", quando há a postergação do pagamento do tributo (diferimento), ou "para frente", quando o substituto recolhe tanto os valores devidos por sua operação quanto aqueles que serão devidos nas operações subsequentes. Também há casos em que a substituição se dá de forma concomitante com o fato gerador, como no caso dos serviços de transporte[84].

Já a responsabilidade por transferência, derivada ou de 2º Grau, ocorre no caso em que uma terceira pessoa ocupa o lugar do contribuinte após a ocorrência do fato gerador, com o deslocamento do ônus tributário para um terceiro legalmente imputado àquela obrigação. Tal modalidade diferencia-se da substituição na medida em que, no caso da primeira, há responsabilidade pelo pagamento de débito de terceiro, enquanto na substituição há responsabilidade pelo pagamento de débito próprio[85].

Referida hipótese se dará em três situações, quais sejam: (i) a solidariedade, prevista nos artigos 124 e 125 do Código Tributário Nacional; (ii) a responsabilidade dos sucessores, prevista nos artigos 129 a 133 do Código Tributário Nacional; e (iii) a responsabilidade de terceiros, prevista no artigo 134 do Código Tributário Nacional.

A solidariedade é definida por Regina Helena Costa como *"mais um instrumento de praticabilidade no campo tributário, uma vez que propicia ao Fisco a escolha do devedor em relação ao qual seja mais fácil e cômodo exigir a dívida integral"*[86].

Por meio da solidariedade, a Fazenda poderá *"exigir o cumprimento da obrigação de um ou de outro dos devedores solidários, ou de todos, ou de um e depois do outro, até realizar integralmente o valor da obrigação"*[87]. Nesta hipótese, em que pese o contribuinte seja o devedor natural do tributo, em face da vinculação do terceiro com a materialidade do tributo, será atribuída a este a responsabilidade solidária ao contribuinte pelo pagamento.

=593849&classe=RE&codigoClasse=0&origem=JUR&recurso=0&tipoJulgamento=M>. Acesso em 25/06/2018.

[84] MELO, José Eduardo Soares de. **Curso de Direito Tributário**. 10. ed. São Paulo: Dialética, 2012. p. 288.

[85] SABBAG, Eduardo. **Manual de Direito Tributário**. 6ª. Ed. São Paulo: Saraiva, 2014. p. 738.

[86] COSTA, Regina Helena. **Curso de Direito Tributário: Constituição e Código Tributário Nacional**. 3ª. ed. São Paulo: Saraiva, 2013. p. 212.

[87] AMARO, Luciano. **Direito Tributário Brasileiro**. São Paulo: Saraiva, 2014. p. 340.

Discute-se na doutrina sobre a adequação, ou não, da classificação do instituto da solidariedade como uma hipótese de responsabilidade de terceiros. Tal discussão não é objeto do presente estudo, o qual, superando tal impasse doutrinário, limita-se à conceituação da solidariedade tributária.

Conforme o artigo 124 do Código Tributário Nacional, são solidários aqueles que tenham interesse comum na situação que constitua o fato gerador da obrigação principal e aquelas pessoas cuja condição de solidariedade seja expressamente prevista em lei.

Ao tratar do interesse comum, para fins de aplicabilidade da solidariedade, será aquele verificado quando inexistente a bilateralidade na realização do fato gerador, quando ambos os solidários se encontram em posições não contrapostas, não havendo interesses antagônicos, hipótese na qual, para que haja solidariedade, deverá existir previsão legal que a suporte[88]. Neste sentido, elucida Luciano Amaro:

> O *interesse comum* no fato gerador põe os devedores solidários numa posição também comum. Se, em dada situação (a copropriedade, no exemplo dado), a lei define o titular do domínio como *contribuinte*, nenhum dos coproprietários seria qualificável como *terceiro*, pois ambos ocupariam, no binômio Fisco-contribuinte, o lugar do *segundo* (ou seja, o lugar do *contribuinte*). Ocorre que cada qual só se poderia dizer *contribuinte* em relação à parcela do tributo que correspondesse à sua quota de interesse na situação. Como a obrigação tributária (sendo pecuniária) seria divisível, cada qual poderia, em princípio, ser obrigado apenas pela parte equivalente ao seu quinhão de interesse. O que determina o Código Tributário Nacional (art. 124, I) é a solidariedade de ambos como devedores da obrigação inteira, donde se poderia dizer que a condição de sujeito passivo assumiria forma híbrida em que cada codevedor seria contribuinte na parte que lhe toca e responsável pela porção que caiba ao outro.[89]

Conforme determina o Código Tributário Nacional, não haverá benefício de ordem na aplicação da solidariedade tributária. O artigo 125 do Diploma define os efeitos da solidariedade, quais sejam: (i) o paga-

---

[88] CARVALHO, Paulo de Barros. **Curso de Direito Tributário.** 22ª Ed. São Paulo: Saraiva, 2010. p. 381.

[89] AMARO, Luciano. **Direito Tributário Brasileiro.** São Paulo: Saraiva, 2014. p. 342.

mento realizado por uma das partes obrigadas aproveita às demais; (ii) a isenção ou remissão de crédito aproveita a todos os obrigados, a menos que pessoalmente outorgada, quando a solidariedade permanecerá em relação aos demais, pelo saldo; e (iii) a interrupção da prescrição em relação a uma das partes, afeta aos demais[90].

Outra modalidade de responsabilidade por transferência é aquela ocorrida na sucessão, a qual é assim definida nas palavras de Paulo de Barros Carvalho:

> Sucessão é a relação de aquisição de uma coisa por outrem. A responsabilidade por sucessão, nesta medida, pressupõe negócio jurídico em que uma pessoa (terceiro) adquire de outra (contribuinte) determinado objeto gravado com débito tributário não satisfeito, assumindo, por sucessão, todos dos deveres fiscais anteriores ao ato sucessório que integram o objeto, ainda que o lançamento seja efetuado em momento posterior, conforme leciona o art. 129 do Código.[91]

A sucessão, pois, se dá com a transferência da obrigação tributária para outro devedor, em face da venda de imóveis, aquisições ou remições de bens, morte do contribuinte ou alienações societárias, sendo aplicada, na forma do artigo 129 do Código Tributário Nacional, *"aos créditos tributários definitivamente constituídos ou em curso de constituição à data dos atos nela referidos, e aos constituídos posteriormente aos mesmos atos, desde que relativos a obrigações tributárias surgidas até a referida data"*[92].

Sobre a responsabilidade por sucessão, estatui Luciano Amaro que:

> A sucessão dá-se no plano da obrigação tributária, por modificação subjetiva passiva. Assim, o sucessor passa a ocupar a posição do antigo devedor, no estado em que a obrigação se encontrava na data do evento que motivou a sucessão. Se se trata de obrigação cujo cumprimento independe de

---

[90] BRASIL. Lei nº 5.172, de 25 de outubro de 1966. Dispõe sobre o Sistema Tributário Nacional e institui normas gerais de Direito Tributário aplicáveis à União, Estados e Municípios. **Diário Oficial da União**: seção 1, Brasília, DF, p. 12567 (Retificação), 31 out. 1966.
[91] CARVALHO, Paulo de Barros. **Curso de Direito Tributário**. 22ª Ed. São Paulo: Saraiva, 2010. p. 623.
[92] BRASIL. Lei nº 5.172, de 25 de outubro de 1966. Dispõe sobre o Sistema Tributário Nacional e institui normas gerais de Direito Tributário aplicáveis à União, Estados e Municípios. **Diário Oficial da União**: seção 1, Brasília, DF, p. 12567 (Retificação), 31 out. 1966.

providência do sujeito ativo, cabe ao sucessor adimpli-la, nos termos da lei. Se depende de providência do sujeito ativo (lançamento), já tomada, compete-lhe também satisfazer o direito do credor. Se falta essa providência, cabe-lhe aguardá-la e efetuar o pagamento, do mesmo modo que faria o sucedido.[93]

No caso da venda de imóveis, tal responsabilidade se dá pela transferência ao comprador dos créditos tributários decorrentes de tributos cujo fato gerador esteja vinculado à propriedade do bem adquirido. Esta responsabilidade somente será eliminada no caso de prova da quitação dos tributos, que ocorre por meio da apresentação de certidões negativas no ato de lavratura da escritura pública de transmissão do imóvel.

Esta hipótese de responsabilidade está prevista no artigo 130 do Código Tributário Nacional, que estende a responsabilização do adquirente inclusive a taxas relacionadas ao imóvel e limita, por sua vez, a sub-rogação ao preço do bem, no caso de arrematação ocorrida em hasta pública[94].

O artigo 131 do Código Tributário Nacional, por sua vez, prevê a sucessão por aquisição ou remissão de bens e por morte[95]. No caso da sucessão por aquisição ou remissão de bens, há que se destacar que tal artigo refere-se aos bens móveis. No caso da sucessão por morte, há responsabilização dos sucessores e, anteriormente à sucessão, do espólio[96].

---

[93] AMARO, Luciano. **Direito Tributário Brasileiro.** São Paulo: Saraiva, 2014. p. 346.

[94] Art. 130. Os créditos tributários relativos a impostos cujo fato gerador seja a propriedade, o domínio útil ou a posse de bens imóveis, e bem assim os relativos a taxas pela prestação de serviços referentes a tais bens, ou a contribuições de melhoria, sub-rogam-se na pessoa dos respectivos adquirentes, salvo quando conste do título a prova de sua quitação.
Parágrafo único. No caso de arrematação em hasta pública, a sub-rogação ocorre sobre o respectivo preço.

[95] Art. 131. São pessoalmente responsáveis:
I – o adquirente ou remitente, pelos tributos relativos aos bens adquiridos ou remidos; (Redação dada pelo Decreto Lei nº 28, de 1966)
II – o sucessor a qualquer título e o cônjuge meeiro, pelos tributos devidos pelo de cujus até a data da partilha ou adjudicação, limitada esta responsabilidade ao montante do quinhão do legado ou da meação;
III – o espólio, pelos tributos devidos pelo de cujus até a data da abertura da sucessão.

[96] CARVALHO, Paulo de Barros. **Curso de Direito Tributário.** 22ª ed. São Paulo: Saraiva, 2010. p. 623.

No caso da morte, a responsabilidade por sucessão limita-se ao montante do quinhão, legado ou meação[97].

Por fim, há ainda a responsabilidade por sucessão nas operações societárias, ocorridas no caso de fusão, incorporação ou cisão de pessoas jurídicas.

Tais operações societárias estão previstas nos artigos 220 a 234 da Lei nº 6.404, de 15 de dezembro de 1976 ("Lei das Sociedades Anônimas") e nos artigos 1.113 a 1.122 do Código Civil e são definidos por Fábio Ulhoa Coelho da seguinte forma:

> A incorporação é a operação pela qual uma sociedade (incorporada) é absorvida pela outra (incorporadora). Fusão, por sua vez, é a união de duas ou mais sociedades, para a formação de uma nova. Essas operações se realizam, normalmente, com o objetivo de alcançar a economia de escala. [...] Como a lei considera a sociedade resultante da fusão uma nova pessoa jurídica, ela deve, concluída a operação, regularizar-se na Junta Comercial e nos diversos cadastros fiscais (CNPJ, FGTS, INSS, estado ou prefeitura). [...] Na incorporação, a sociedade incorporadora sucede a incorporada, proporcionando, assim, o regular desenvolvimento dos negócios das duas, sem solução de continuidade. Em virtude dessa considerável diferença, a fusão praticamente não existe.
>
> A cisão é a operação pela qual uma sociedade empresária transfere para outra, ou outras, constituídas para essa finalidade ou já existente, parcelas do seu patrimônio, ou a totalidade deste. Quando a operação envolve a versão de parte dos bens da cindida em favor de uma ou mais sociedades, diz-se que a cisão é *parcial*; quando vertidos todos os bens, *total*. Neste último caso, a sociedade cindida é extinta. Por outro lado, se a sociedade empresária para a qual os bens são transferidos já existe, a operação obedece às regras da incorporação (LSA, art. 229, § 3º).[98]

Referidas operações societárias, quando realizadas, implicam na sucessão tributária por transferência, conforme disciplina do artigo 132 do

---

[97] MELO, José Eduardo Soares de. **Curso de Direito Tributário**. 10ª ed. São Paulo: Dialética, 2012. p. 291.
[98] COELHO, Fábio Ulhoa. **Curso de Direito Comercial**. Vol. 2. 17ª ed. São Paulo: Saraiva, 2013. p. 515-517.

Código Tributário Nacional[99]. Nesta modalidade de responsabilidade tributária, *"a pessoa jurídica de direito privado que resultar de fusão transformação e incorporação é responsável pelo pagamento dos tributos devidos até a data do ato"*[100].

Assim, os negócios societários que impliquem modificações nas estruturas de pessoas jurídicas acabam por ocasionar a responsabilização dos sucessores pelos valores devidos pelo(s) contribuinte(s) originário(s), ante a impossibilidade de seu cumprimento por este(s)[101].

Dentre as operações descritas, a cisão não é elencada expressamente no artigo 132 do Código Tributário Nacional.

Tal ausência se justifica pelo fato de que a cisão foi somente regulada pela Lei das Sociedades Anônimas (Lei nº 6.404/1976), a qual foi editada quase 10 anos após o Código Tributário Nacional, datado de 1966. Ademais, a responsabilidade mediante cisão foi regulada, no âmbito do Imposto de Renda, pelo artigo 5º do Decreto-Lei nº 1.598/1977:

> Art. 5º – Respondem pelos tributos das pessoas jurídicas transformadas, extintas ou cindidas:
>
> I – a pessoa jurídica resultante da transformação de outra;
>
> II – a pessoa jurídica constituída pela fusão de outras, ou em decorrência de cisão de sociedade;
>
> III – a pessoa jurídica que incorporar outra ou parcela do patrimônio de sociedade cindida;
>
> IV – a pessoa física sócia da pessoa jurídica extinta mediante liquidação que continuar a exploração da atividade social, sob a mesma ou outra razão social, ou sob firma individual;

---

[99] Art. 132. A pessoa jurídica de direito privado que resultar de fusão, transformação ou incorporação de outra ou em outra é responsável pelos tributos devidos até à data do ato pelas pessoas jurídicas de direito privado fusionadas, transformadas ou incorporadas.
Parágrafo único. O disposto neste artigo aplica-se aos casos de extinção de pessoas jurídicas de direito privado, quando a exploração da respectiva atividade seja continuada por qualquer sócio remanescente, ou seu espólio, sob a mesma ou outra razão social, ou sob firma individual.
[100] CARVALHO, Paulo de Barros. **Curso de Direito Tributário**. 22ª ed. São Paulo: Saraiva, 2010. p. 623.
[101] MELO, José Eduardo Soares de. **Curso de Direito Tributário**. 10ª. ed. São Paulo: Dialética, 2012. p. 291.

V – os sócios com poderes de administração da pessoa jurídica que deixar de funcionar sem proceder à liquidação, ou sem apresentar a declaração de rendimentos no encerramento da liquidação.

§ 1º – Respondem solidariamente pelos tributos da pessoa jurídica:
a) as sociedades que receberem parcelas do patrimônio da pessoa jurídica extinta por cisão;
b) a sociedade cindida e a sociedade que absorver parcela do seu patrimônio, no caso de cisão parcial;
c) os sócios com poderes de administração da pessoa extinta, no caso do item V.

Sobre o tema, Luciano Amaro destaca o quanto segue:

A *cisão*, regulada pela Lei das Sociedades Anônimas (Lei n. 6.404/76), posteriormente ao advento do Código Tributário Nacional, não foi por este disciplinada. Societariamente, quer a cisão resulte na criação de nova sociedade, quer não (se a parcela cindida é incorporada por outra sociedade já existente), a sucessão é passível de regulação pelos sócios, que podem dispor não apenas sobre a versão de ativos, mas também sobre quais obrigações permanecem com a sociedade cindida e quais devem migrar com a parcela cindida, conforme seja especificado no ato da cisão (Lei das S.A., art. 229, § 1º). Essa regulação é matéria de direito privado, que não poderia ser oposta ao credor de tributo (CTN, art. 123). Falta uma disciplina geral sobre a responsabilidade tributária na cisão, e não se pode eleger responsável sem lei expressa (CTN, art. 121, parágrafo único, II). O Decreto-Lei n. 1.598/77 cuidou, na esfera do imposto de renda, de regular a responsabilidade na cisão (art. 5º).[102]

Contudo, em que pese tal omissão legal, a jurisprudência acabou por incluir a cisão no rol de operações sujeitas à responsabilidade por sucessão, conforme decisões do Superior Tribunal de Justiça:

PROCESSUAL CIVIL E TRIBUTÁRIO. EXECUÇÃO FISCAL. PRESCRIÇÃO. CISÃO DE EMPRESA. HIPÓTESE DE SUCESSÃO, NÃO PREVISTA NO ART. 132 DO CTN. REDIRECIONAMENTO A SÓCIO-GERENTE. INDÍCIOS SUFICIENTES DE FRAUDE.

---

[102] AMARO, Luciano. **Direito Tributário Brasileiro**. São Paulo: Saraiva, 2014. p. 349.

1. O recurso especial não reúne condições de admissibilidade no tocante à alegação de que restaria configurada, na hipótese, a prescrição intercorrente, pois não indica qualquer dispositivo de lei tido por violado, o que atrai a incidência analógica da Súmula 284 do STF, que diz ser "inadmissível o recurso extraordinário, quando a deficiência na sua fundamentação não permitir a exata compreensão da controvérsia".
2. Embora não conste expressamente do rol do art. 132 do CTN, a cisão da sociedade é modalidade de mutação empresarial sujeita, para efeito de responsabilidade tributária, ao mesmo tratamento jurídico conferido às demais espécies de sucessão (REsp 970.585/RS, 1ª Turma, Min. José Delgado, DJe de 07/04/2008).
3. Recurso especial parcialmente conhecido e, nesta parte, desprovido.[103]

Assim, os tributos existentes à época da operação societária ou que venham a ser apurados pelos entes tributantes no prazo decadencial, serão exigidos da pessoa jurídica que decorrer desta operação, não estando incluídas nesta transferência as penalidades que não contenham caráter moratório, ou seja, as multas penais. Isto porque tais multas possuem caráter pessoal, decorrendo da prática de atos cominados como penalidade pela legislação.

Tal exclusão decorre, ainda, do fato de que a sucessão é limitada ao crédito tributário, que não inclui, por determinação expressa do artigo 3º do Código Tributário Nacional[104], as sanções de atos ilícitos, conforme destaca José Eduardo Soares de Melo:

> Os tributos existentes, bem como aqueles que venham a ser apurados pelas Fazendas, no prazo decadencial, poderão ser exigidos das empresas resultantes dos referidos atos societários. As dívidas abrangem os acréscimos (juros e atualizações), mas não compreendem a inclusão de multas. Não se pode cogitar de penalidades uma vez que o preceito normativo não trata de

---

[103] BRASIL. Superior Tribunal de Justiça. Recurso Especial nº 852.972/PR. Relator Min. Teori Albino Zavascki. Brasília, 25 maio 2010. Diário de Justiça Eletrônico, Brasília, RDDT vol. 180 p. 194, 08 jun. 2010. Disponível em: <http://www.stj.jus.br/SCON/jurisprudencia/toc.jsp?processo=852972&&b=ACOR&thesaurus=JURIDICO&p=true>. Acesso em 25/06/2018.

[104] Art. 3º Tributo é toda prestação pecuniária compulsória, em moeda ou cujo valor nela se possa exprimir, que não constitua sanção de ato ilícito, instituída em lei e cobrada mediante atividade administrativa plenamente vinculada.

"crédito tributário" (o montante da exigência tributária), sendo certo que a expressão "tributos", em razão de conceito constitucional e legal (art. 3º do CTN), apenas se refere a impostos, contribuições, etc.
(...)
Embora se possa asseverar que a multa aplicada antes da sucessão teria de ser incorporada ao patrimônio do contribuinte, a cobrança da mesma do sucessor carece de legitimidade, pois implicaria atribuir-lhe exigência não contida no mencionado preceito.[105]

Nas palavras de Luciano Amaro, a inaplicabilidade da sucessão às penalidades deve-se pelos seguintes motivos:

(...) Várias razões militam contra essa inclusão. Há o princípio da personalização da pena, aplicável também em matéria de sanções administrativas. Ademais, o próprio Código define tributo, excluindo expressamente a *sanção* de ilícito (art. 3º). Outro argumento de ordem sistemática está no art. 134; ao cuidar da responsabilidade de terceiros, esse dispositivo não fala em tributos, mas em "obrigação tributária" (abrangente também de penalidades pecuniárias, *ex vi* do art. 113, § 1º). Esse artigo, contudo, limitou a sanção às penalidades de caráter moratório (embora ali se cuide de atos ou omissões *imputáveis aos responsáveis*). Se, quando o Código quis abranger penalidades, usou de linguagem harmônica com os conceitos por ele fixados, há de entender-se que, ao mencionar responsabilidade por *tributos*, não quis abarcar sanções. Por outro lado, se *dúvida* houvesse, entre punir ou não o sucessor, o art. 112 do Código manda aplicar o princípio *in dubio pro reo*.[106]

Delineados os conceitos de responsabilidade por sucessão e por transferência, nas modalidades de solidariedade e sucessão, há que se abordar a responsabilidade de terceiros, da qual se enseja a desconsideração da personalidade tributária, objeto deste estudo. Em razão de sua importância neste contexto, esta será analisada em subcapítulo apartado, subsequente ao presente.

---

[105] MELO, José Eduardo Soares de. **Curso de Direito Tributário**. 10ª ed. São Paulo: Dialética, 2012. p. 293.
[106] AMARO, Luciano. **Direito Tributário Brasileiro**. São Paulo: Saraiva, 2014. p. 351.

1.2.2. Da Responsabilidade de Terceiros

Repassados os demais casos de responsabilidade tributária, cabe atermo-nos à responsabilidade de terceiros. Tal hipótese de responsabilidade tributária está relacionada à *"situação em que a pessoa chamada a responder pelo débito do contribuinte deixou de cumprir um dever próprio, legalmente estabelecido"*[107].

Tal espécie de responsabilidade não está vinculada à transmissão patrimonial (como no caso da sucessão), mas sim ao *"dever de zelo, legal ou contratual, que certas pessoas devem ter com relação ao patrimônio de outrem"*[108].

Sendo assim, a responsabilidade de terceiros surge em razão da necessidade, visando garantir a eficácia e conveniência arrecadatória, garantindo, a exemplo do que ocorre na substituição tributária, a praticabilidade para fins dos atos arrecadatórios a serem praticados pelos entes tributantes[109].

As hipóteses de responsabilidade tributária de terceiros estão previstas nos artigos 134 e 135 do Código Tributário Nacional. O primeiro estabelece a responsabilidade solidária nos casos em que não seja possível a exigência do cumprimento da obrigação principal pelo contribuinte, dispondo que:

> Art. 134. Nos casos de impossibilidade de exigência do cumprimento da obrigação principal pelo contribuinte, respondem solidariamente com este nos atos em que intervierem ou pelas omissões de que forem responsáveis:
> I – os pais, pelos tributos devidos por seus filhos menores;
> II – os tutores e curadores, pelos tributos devidos por seus tutelados ou curatelados;
> III – os administradores de bens de terceiros, pelos tributos devidos por estes;
> IV – o inventariante, pelos tributos devidos pelo espólio;
> V – o síndico e o comissário, pelos tributos devidos pela massa falida ou pelo concordatário;

---

[107] COSTA, Regina Helena. **Curso de Direito Tributário: Constituição e Código Tributário Nacional.** 3ª ed. São Paulo: Saraiva, 2013. p. 223.
[108] SABBAG, Eduardo. **Manual de Direito Tributário.** 6ª Ed. São Paulo: Saraiva, 2014. p. 762.
[109] MEDEIROS, André Antonio A. de. A Inconstitucionalidade da Responsabilidade Tributária. In: MARTINS, Ives Gandra da Silva (org.). BRITO, Edvaldo Pereira. (org.). **Direito Tributário: outros tributos, temas atuais e Direito Tributário internacional.** Editora Revista dos Tribunais, 2011. p. 416.

VI – os tabeliães, escrivães e demais serventuários de ofício, pelos tributos devidos sobre os atos praticados por eles, ou perante eles, em razão do seu ofício;
VII – os sócios, no caso de liquidação de sociedade de pessoas.
Parágrafo único. O disposto neste artigo só se aplica, em matéria de penalidades, às de caráter moratório.

Tal dispositivo estabelece hipótese de responsabilização por culpa das pessoas responsáveis, indicadas nos respectivos incisos, e que, em face de sua posição e dos deveres de fiscalização e boa administração que lhes incumbia, são responsabilizadas pelos débitos tributários do contribuinte[110].

Segundo estatui José Eduardo Soares de Melo, tal responsabilidade não decorre da solidariedade, devendo *"ser exaurida a viabilidade de concretizar-se a exigibilidade tributária ao contribuinte, e somente após tal providência revelar-se impraticável"*. Ademais, disciplina o doutrinador que *"Tal responsabilidade só estará legitimada se houver participação (ativa ou omissiva) do terceiro no fato gerador"*[111].

Tal responsabilidade, em que pese indicada como solidária, não o é de forma plena, eis que, para que seja viável sua aplicação, há que haver atos que demonstrem a impossibilidade de cumprimento da obrigação pelo contribuinte originário. Aproxima-se, pois, de uma responsabilidade subsidiária do terceiro, respeitada a ordem de preferência que impõe a exigência, em um primeiro momento, do cumprimento da obrigação pelo contribuinte originário[112].

Nas palavras de Regina Helena Costa, *"em relação ao contribuinte, por óbvio, a responsabilidade dessas pessoas será* subsidiária*. A responsabilidade somente será* solidária *em relação aos responsáveis entre si, no vínculo de natureza sancionatória que os une"*[113].

---

[110] COSTA, Regina Helena. **Curso de Direito Tributário: Constituição e Código Tributário Nacional.** 3ª ed. São Paulo: Saraiva, 2013. p. 224.
[111] MELO, José Eduardo Soares de. **Curso de Direito Tributário.** 10ª ed. São Paulo: Dialética, 2012. p. 297.
[112] SABBAG, Eduardo. **Manual de Direito Tributário.** 6ª Ed. São Paulo: Saraiva, 2014. p. 763.
[113] COSTA, Regina Helena. **Curso de Direito Tributário: Constituição e Código Tributário Nacional.** 3ª ed. São Paulo: Saraiva, 2013. p. 224.

Neste sentido, Paulo de Barros Carvalho leciona que tal hipótese de responsabilização está vinculada a um caráter sancionatório, evidenciado não só pelo próprio *caput* do artigo 134, como também pelos seus demais incisos. Segundo o autor, o *caput* do artigo 134 revela *"a existência de um indisfarçável ilícito e do* animus puniendi *que inspirou o legislador, ao construir a prescrição normativa"*[114], também evidenciados pela análise dos respectivos incisos, reveladores da necessidade de existência de um dever descumprido.

Assim, sobre as pessoas arroladas no artigo 134 do Código Tributário Nacional, há a imposição de um dever, o comprometimento de uma atuação zelosa e não omissa, cuja inobservância resultará na sua responsabilização pelos débitos tributários[115].

Referida responsabilidade, conforme entendimento de José Eduardo Soares de Melo, decorre de duas condições: *"a primeira é que o contribuinte não possa cumprir sua obrigação, e a segunda é que o terceiro tenha participado do ato que configure o fato gerador do tributo, ou em relação a este se tenha indevidamente omitido"*[116].

Em relação à questão da sociedade de pessoas, discute-se na doutrina acerca da possibilidade de aplicação do instituto às sociedades limitadas. Isso porque muitos doutrinadores defendem que a sociedade limitada se reveste, em verdade, de pessoalidade. Alguns, ainda, defendem a caracterização destas como sociedades mistas.

Neste sentido, Emanuel Carlos Dantas de Assis sustenta que o art. 134, VII, do Código Tributário Nacional é aplicável às sociedades limitadas, conforme segue:

> Quanto a questão de saber se à sociedade limitada se aplica o inc. VII em tela, há de ser dirimida levando-se em conta o art. 1.057 do Código Civil. Ao tratar da transferência de quotas, este artigo determina que, na omissão do contrato da sociedade limitada o sócio só pode ceder sua quota a estranho "se não houver oposição de titulares de mais de um quarto do capital

---

[114] CARVALHO, Paulo de Barros. **Curso de Direito Tributário.** 22ª ed. São Paulo: Saraiva, 2010. p. 390.
[115] CARVALHO, Paulo de Barros. **Curso de Direito Tributário.** 22ª ed. São Paulo: Saraiva, 2010. p. 390.
[116] MACHADO, Hugo de Brito. **Curso de Direito Tributário.** 34ª ed. rev., atual. e ampl. São Paulo: Malheiros, 2013. p. 162.

social". Se a oposição de 25,01% (vinte e cinco vírgula zero um por cento) já é suficiente para impedir a transferência de quotas a terceiro, a sociedade limitada assume caráter predominantemente pessoal, ressalvada a possibilidade de o contrato dar-lhe cunho de sociedade de capital.
Atento ao art. 1.057 do Código Civil, Fabio Ulhoa Coelho, na esteira de Waldemar Ferreira e Rubens Requião, afirma que as sociedades limitadas, "quando os sócios não contrataram em sentido diverso, conferindo-lhes de forma expressa o perfil capitalístico, devem ser reputadas de pessoas".
Dessarte, a limitada é classificada como sociedade de pessoas, aplicando-se-lhe o inc. VII do art. 134 do CTN, a não ser que o contrato social permita, de modo expresso, que a transferência de quotas pode ocorrer independentemente de anuência dos demais sócios.[117]

Estas características definem a responsabilidade de terceiros prevista no artigo 134, a qual será aplicada, conforme seus respectivos incisos, aos pais, tutores, curadores, administradores de bens de terceiros, inventariantes, síndicos, comissários, tabeliães, escrivães e demais serventuários de ofício e aos sócios de sociedades de pessoas em liquidação, nos casos em que a responsabilidade esteja vinculada aos atos em que estes intervirem ou decorrente de suas omissões.

Cabe destacar que a responsabilidade ora tratada não se aplica às multas de caráter punitivo, normalmente mais elevadas, ficando limitada, conforme o parágrafo único do dispositivo, às multas moratórias[118].

Sobre a aplicabilidade da responsabilidade prevista no artigo 134, esclarece Paulo de Barros Carvalho:

> O art. 134 tem aplicabilidade em relação a *atos em que as pessoas indicadas intervirem ou pelas omissões que forem responsáveis*, evidenciando a presença de um dever descumprido como requisito à exigência do débito, em caráter supletivo, dos sujeitos relacionados nos incisos I a VII. É intuitivo crer que, a despeito de se dizer expressamente solidária a responsabilidade, a frase

---

[117] Assis, Emanuel Carlos Dantas de. Arts. 134 e 135 do CTN: Responsabilidade Culposa e Dolosa dos Sócios e Administradores de Empresas por Dívidas Tributárias da Pessoa Jurídica. In: FERRAGUT, Maria Rita. NEDER, Marcos Vinicius. **Responsabilidade Tributária.** São Paulo: Dialética, 2007. pp. 153-154.

[118] MELO, José Eduardo Soares de. **Curso de Direito Tributário.** 10ª ed. São Paulo: Dialética, 2012. p. 298.

"nos casos de impossibilidade de exigência do cumprimento da obrigação principal pelo contribuinte", que introduz o próprio texto do art. 134 do CTN, retoma o benefício de ordem, qualificando, deste modo, a responsabilidade por subsidiária. Nesta medida, cobra-se em primeiro do contribuinte; cessadas as formas de exigência do dever legal daquele, executa-se o responsável.[119]

No mesmo sentido esclarece Luciano Amaro:

> O Código Tributário Nacional rotula como responsabilidade *solidária* casos de *impossibilidade* de exigir o cumprimento da obrigação principal pelo contribuinte. Trata-se de responsabilidade *subsidiária*. Anote-se que o próprio Código disse (art. 124, parágrafo único) que a solidariedade não comporta benefício de ordem (o que é óbvio); já o art. 134 claramente dispõe em contrário, o que infirma a solidariedade. Em suma, o dispositivo não cuida de responsabilidade *solidária*, mas *subsidiária*, restrita às situações em que não haja possibilidade de exigir o cumprimento da obrigação pelo próprio contribuinte.[120]

Portanto, a responsabilidade dos sócios, no caso do artigo 134 do Código Tributário Nacional, tem seu âmbito de aplicação limitado: (i) a sociedade deve ser de pessoas, não sendo aplicável às sociedades anônimas e às limitadas; (ii) os sócios responsabilizados devem ter, comprovadamente, poderes de gerência e terem intervido ou se omitido no inadimplemento da obrigação; e (iii) ter sido constatado o descumprimento da obrigação pela empresa e ser impossível sua exigência em relação a esta[121].

Sendo assim, por meio desta hipótese de responsabilidade, é vedada a interposição de execução fiscal incluindo-se diretamente o nome dos sócios em seu polo passivo e na inscrição de dívida ativa[122]. Tal limitação

---

[119] CARVALHO, Paulo de Barros. **Curso de Direito Tributário.** 22ª ed. São Paulo: Saraiva, 2010. p. 626.
[120] AMARO, Luciano. **Direito Tributário Brasileiro.** São Paulo: Saraiva, 2014. p. 352.
[121] MELO, José Eduardo Soares de. **Curso de Direito Tributário.** 10ª ed. São Paulo: Dialética, 2012. p. 298.
[122] COSTA, Allison Garcia. Responsabilidade Tributária dos Sócios. Inteligência do inc. VII do art. 134 e do inc. III do art. 135 do CTN. In: **Revista Tributária e Finanças Públicas.** vol. 63/2005. jul-ago/2005. p. 82-91.

impõe uma vedação aos entes tributários, impedindo que estes autuem, com base no artigo 134 do Código Tributário Nacional, terceiros por infrações cometidas pelo contribuinte[123].

O artigo 135, por sua vez, *"não obstante também apresente caráter sancionatório, elege hipótese diversa, mais grave, cominando sanção igualmente mais severa: exige que* tenham sido praticados atos com excesso de poderes ou infração à lei, contrato social ou estatuto, *implicando a responsabilidade exclusiva e pessoal daquele que agiu deste modo"*[124].

Assim, o artigo 135 do Código Tributário Nacional estabelece as seguintes hipóteses de responsabilidade:

> Art. 135. São pessoalmente responsáveis pelos créditos correspondentes a obrigações tributárias resultantes de atos praticados com excesso de poderes ou infração de lei, contrato social ou estatutos:
> I – as pessoas referidas no artigo anterior;
> II – os mandatários, prepostos e empregados;
> III – os diretores, gerentes ou representantes de pessoas jurídicas de direito privado.[125]

Tem-se na responsabilidade prevista no artigo 135 do Código Tributário Nacional uma hipótese de responsabilização exclusiva dos terceiros que, em face de sua atuação dolosa, substituem o contribuinte da obrigação. Tal responsabilização, contudo, ficará limitada aos atos praticados com excesso de poderes ou infração à lei, contrato social ou estatutos[126].

Desta feita, tal hipótese de responsabilidade comporta dois elementos necessários para sua ocorrência, o pessoal e o fático:

> 1. *Elemento pessoal* – refere-se ao sujeito responsável pelo crédito tributário: executor material, partícipe ou mandante da infração. É o adminis-

---

[123] CARVALHO, Paulo de Barros. **Curso de Direito Tributário.** 22ª ed. São Paulo: Saraiva, 2010. p. 627.
[124] CARVALHO, Paulo de Barros. **Curso de Direito Tributário.** 22ª ed. São Paulo: Saraiva, 2010. p. 627.
[125] BRASIL. Lei nº 5.172, de 25 de outubro de 1966. Dispõe sobre o Sistema Tributário Nacional e institui normas gerais de Direito Tributário aplicáveis à União, Estados e Municípios. **Diário Oficial da União:** seção 1, Brasília, DF, p. 12567 (Retificação), 31 out. 1966.
[126] COSTA, Regina Helena. **Curso de Direito Tributário: Constituição e Código Tributário Nacional.** 3ª ed. São Paulo: Saraiva, 2013. p. 225.

trador da sociedade, podendo ser sócio, acionista, mandatário, preposto, empregado, diretor, gerente ou representante. Não deverão ser incluídas nesse conjunto as pessoas sem poderes para decidir sobre a realização de fatos jurídicos, ou com poderes e que, no caso, no caso concreto, não tiveram qualquer participação no ilícito;

2. *Elemento fático* – refere-se às condutas reveladoras de infração que exija dolo/excesso de poderes ou infração de lei, contrato social ou estatuto.[127]

Sobre tais hipóteses de responsabilidade, ainda, leciona Aliomar Baleeiro:

No art. 135, há outras hipóteses de vinculação do terceiro, que representa o contribuinte ou lhe serve de instrumento jurídico: a atuação com excesso de poderes ou a infração de cláusulas de contratos ou estatutos.

Nesses casos, além das categorias de pessoas arroladas no art. 134, que passam a ser plenamente as responsáveis pelos créditos tributários, e não apenas solidárias estritamente no caso de impossibilidade de cumprimento por parte do contribuinte, ficam na mesma situação os mandatários, prepostos e empregados, assim como os dirigentes, gerentes ou representantes de pessoas jurídicas de Direito Privado, em geral.

O caso, diferentemente do anterior, não é apenas de solidariedade, mas de responsabilidade por substituição. As pessoas indicadas no art. 135 passam a ser responsáveis ao invés do contribuinte.[128]

Esta hipótese de responsabilidade não decorre, pois, da mera inadimplência do débito, mas sim do fato de tal inadimplemento estar vinculado a ato ilícito praticado pelo responsável, que incorreu em excesso de poder ou infração à lei, ao contrato social ou aos estatutos. Assim, ao redirecionar-se o débito em face do responsável, com base no artigo 135 do Código Tributário Nacional, deverá estar comprovado o ilícito que dá supedâneo a tal responsabilização[129].

---

[127] FERRAGUT, Maria Rita. **Responsabilidade Tributária e o Código Civil de 2002.** São Paulo: Noeses, 2005. p. 124.

[128] BALEEIRO, Aliomar. **Direito tributário brasileiro**, (atualizada por Misabel Abreu Machado Derzi). 11. ed. Rio de Janeiro: Forense, 2003. p. 735.

[129] COSTA, Regina Helena. **Curso de Direito Tributário: Constituição e Código Tributário Nacional.** 3ª ed. São Paulo: Saraiva, 2013. p. 225.

Nas palavras de Luciano Amaro, não se está diante de um caso de responsabilidade solidária ou subsidiária, uma vez que somente o terceiro responde, pessoalmente:

> Em confronto com o artigo anterior, verifica-se que esse dispositivo exclui do polo passivo da obrigação a figura do contribuinte (que, em princípio, seria a pessoa em cujo nome e por cuja conta agiria o terceiro), ao mandar que o executor do ato responsa *pessoalmente*. A responsabilidade pessoal deve ter aí o sentido (que já se adivinhava no art. 131) de que ela não é compartilhada com o devedor "original" ou "natural".
>
> Não se trata, portanto, de responsabilidade subsidiária do terceiro, nem de responsabilidade solidária. Somente o terceiro responde, "pessoalmente".
>
> Para que incida o dispositivo, um requisito básico é necessário: deve haver a prática de ato para o qual o terceiro não detinha poderes, ou de ato que tenha infringido a lei, o contrato social ou o estatuto de uma sociedade. Se inexistir esse ato irregular, não cabe a invocação do preceito em tela. Poderá aplicar-se, porém o disposto no art. 134, que se contenta com a participação (por ação ou omissão) do terceiro para responsabilizá-lo subsidiariamente.[130]

No mesmo sentido está o entendimento de Paulo de Barros Carvalho:

> O art. 135, não obstante também apresente caráter sancionatório, elege hipótese diversa, mais grave, cominando sanção igualmente mais severa: exige que tenham sido praticados *atos com excesso de poderes ou infração de lei, contrato social ou estatutos*, implicando a responsabilidade exclusiva e pessoal daquele que agiu desse modo. Semelhante é a prescrição veiculada no art. 137 do Código Tributário Nacional, que, ao dispor sobre a figura da responsabilidade por infrações, atribui ao agente, de modo pessoal, a carga tributária decorrente das infrações que praticou de forma dolosa.
>
> Havendo infração tributária subjetiva, praticada com dolo, quer dizer, intenção de fraudar, de agir de má-fé e de prejudicar terceiros, aplicam-se as figuras da responsabilidade de terceiros e responsabilidade por infrações, prescritas nos arts. 135 e 137 do Código Tributário Nacional, respectivamente.[131]

---

[130] AMARO, Luciano. **Direito Tributário Brasileiro.** São Paulo: Saraiva, 2014. p. 353-354.
[131] CARVALHO, Paulo de Barros. **Curso de Direito Tributário.** 22ª ed. São Paulo: Saraiva, 2010. p. 627.

Neste sentido, inclusive, é pacífica a jurisprudência do Superior Tribunal de Justiça no sentido de não ser viável a responsabilização do sócio-gerente meramente em face do inadimplemento da obrigação, tendo, inclusive, editado a Súmula nº 430, cujo enunciado estabelece o quanto segue:

> O inadimplemento da obrigação tributária pela sociedade não gera, por si só, a responsabilidade solidária do sócio-gerente.[132]

Tal hipótese de responsabilidade decorre de uma infração tributária subjetiva e dolosa, sendo praticada com a intenção de fraudar, com má-fé e em prejuízo de terceiros, sendo esta uma responsabilidade exclusiva e pessoal.

Diferencia-se tal responsabilidade daquela prevista no artigo 134 do Código Tributário Nacional não só por seu caráter exclusivo (e não solidário/subsidiário) e pela existência do ato com excesso de poderes ou infração à lei, contato social ou estatuto, como também pelo fato de que esta será limitada ao patrimônio resultante da liquidação da sociedade, enquanto a responsabilidade do artigo 135 se dará pela integralidade do débito, conforme reconhecido na jurisprudência do Superior Tribunal de Justiça:

> TRIBUTÁRIO. RECURSO ESPECIAL. EXECUÇÃO FISCAL. MICROEMPRESA. EXTINÇÃO REGULAR. INCLUSÃO DO SÓCIO-GERENTE NO POLO PASSIVO DA EXECUÇÃO FISCAL. ART. 9º DA LC N. 123/2006. ARTIGOS 134, VII, E 135, III, DO CTN. NECESSIDADE DE OBSERVÂNCIA 1. O art. 9º, § 4º, da LC n. 123/2006 não estabelece hipótese nova para o reconhecimento da responsabilidade tributária do sócio-gerente de micro e pequenas empresas, tratando tão somente da possibilidade de baixa do ato constitutivo da sociedade empresária e esclarecendo que a consumação desse fato não implica em extinção de eventuais obrigações tributárias nem da responsabilidade tributária.
> 2. Esse dispositivo remete às hipóteses de responsabilidade tributária previstas nos artigos 134, VII, e 135, III, do Código Tributário Nacional.

---

[132] BRASIL. Superior Tribunal de Justiça. Súmula 430. Brasília, 24 mar. 2010. Diário de Justiça Eletrônico, Brasília, 13 maio 2010. Disponível em: <http://www.stj.jus.br/docs_internet/SumulasSTJ.pdf>. Acesso em 25/06/2018.

3. Enquanto a responsabilidade subsidiária de que trata o inciso VII do art. 134 do CTN está limitada ao patrimônio social que subsistir após a liquidação, a responsabilidade pessoal decorrente da aplicação do art. 135, III, do CTN não encontra esse limite, podendo o sócio responder integralmente pelo débito com base em seu próprio patrimônio, independente do que lhe coube por ocasião da extinção da pessoa jurídica.

4. Na prática, em execução fiscal proposta em desfavor de micro ou pequena empresa regularmente extinta, é possível o imediato redirecionamento do feito contra o sócio, com base na responsabilidade prevista no art. 134, VII, do CTN, cabendo-lhe demonstrar a eventual insuficiência do patrimônio recebido por ocasião da liquidação para, em tese, poder se exonerar da responsabilidade pelos débitos exequendos. Feita essa demonstração, se o nome do sócio não estiver na CDA na condição de corresponsável, caberá ao fisco comprovar as situações que ensejam a aplicação do art. 135 do CTN, a fim de prosseguir executando os débitos que superarem o crédito recebido em face da liquidação da empresa.

5. Hipótese em que, considerada a situação fática descrita no acórdão a quo, a qual revela ter havido liquidação regular da pessoa jurídica, deve-se reconhecer a possibilidade de redirecionamento da execução fiscal, com base no art. 134, VII, do CTN.

6. Recurso especial provido.[133]

Neste sentido, tratando-se de situação em que sejam aplicáveis ambos os artigos (134 e 135), tendo sido verificados os requisitos ensejadores da responsabilização mediante aplicação do artigo 135 do Código Tributário Nacional, esta será aplicada em detrimento da hipótese do artigo 134.

Na hipótese específica dos diretores, gerentes e representantes de pessoas jurídicas tal responsabilidade decorre, diretamente, de seu dever de cuidado, diligência e probidade. Assim, quando, investidos de poderes de administração, estes praticam atos que extrapolem os limites da lei, contratos ou estatutos ou mesmo de seus próprios poderes, o fazem em detrimento da pessoa jurídica e, por conseguinte, respondem por

---

[133] BRASIL. Superior Tribunal de Justiça. Recurso Especial nº 1591419/DF. Relator Min. Gurgel De Faria. Brasília, 20 set. 2016. Diário de Justiça Eletrônico, Brasília, 26 out. 2016. Disponível em: <http://www.stj.jus.br/SCON/jurisprudencia/toc.jsp?processo=1591419&&b=ACOR&thesaurus=JURIDICO&p=true>. Acesso em 25/06/2018.

tais débitos. Ainda que a sociedade possa se beneficiar destes atos, a responsabilização exclusiva advinda da hipótese analisada não será afetada, sendo irrelevante o benefício aferido pela sociedade[134].

Nesta hipótese, o contribuinte utiliza-se de expedientes como duplicidade de escrita, firmas destinadas apenas a fornecer notas fiscais, falsificação de guias de recolhimento de impostos, desvios de mercadorias das fábricas ou simulação de operações financeiras e jurídicas. Exemplo de ato praticado com infração de lei é o contrabando ou descaminho.

Caso típico de ato praticado com infração de contrato social é a hipótese em que o administrador (sócio ou não) realiza negócios jurídicos fora do ramo de atividade da sociedade. É o caso, por exemplo, de um dirigente empresarial do setor de compra e venda de calçados que resolve efetuar operações de compra e venda de gados. A responsabilidade pelo pagamento do tributo resultante dessa operação fica atribuída exclusivamente àquele dirigente empresarial.

Ato praticado com excesso de poder significa qualquer ato praticado pelo administrador extrapolando suas atribuições, normalmente definidas no contrato social ou estatuto, de sorte que, nesse caso, infringe também a disposição contratual ou estatutária.

Não se confundem com tais atos os procedimentos falimentares aos quais a pessoa jurídica possa estar submetida, os quais não caracterizam atos capazes de amparar a responsabilização de sócios por aplicação do artigo 135 do CTN. A falência é procedimento legal, criado para proporcionar o concurso entre credores e as respectivas satisfações de seus créditos. Outrossim, é meio idôneo para extinguir a empresa que não mais possui saúde financeira para honrar seus compromissos, sendo sua retirada do mercado uma defesa, inclusive as outras empresas que, em decorrência da extinção, livram-se de manter relações negociais de alto risco. Aliás, vale lembrar, a falência conclui-se com o aval da Justiça, obedecendo aos procedimentos impostos pelo legislador, oferecendo oportunidade, por vias próprias, a quaisquer impugnações.

Por essa ótica, infere-se que o processo falimentar ou a ocorrência da quebra não possibilita, por si só, o redirecionamento do débito fiscal contra o ex-sócio. Sendo assim, após o exaurimento do patrimônio da

---

[134] CARVALHO, Paulo de Barros. **Curso de Direito Tributário.** 22ª ed. São Paulo: Saraiva, 2010. pp. 627-628.

empresa, a responsabilidade torna-se, por inteiro, da massa falida, salvo a comprovação de conduta fraudulenta. Nessa linha, tem decido o STJ:

> (...) "3. Esta Corte já se posicionou que, no caso de massa falida, a interpretação do art. 135, do CTN, é de que a responsabilidade é da empresa, porque foi extinta com o aval da justiça" (Precedente: REsp 868095/RS; Rel. Min. Eliana Calmon, DJ 11. [135]

Mais uma vez, o cerne da questão reside no ônus da prova, no que se refere à existência de conduta ilícita do sócio responsável. Vale trazer à colação decisão do STJ, sob a relatoria do ministro Castro Meira:

> (...) "Com a quebra da sociedade limitada, a massa falida responde pelas obrigações a cargo da pessoa jurídica até o encerramento da falência, só estando autorizado o redirecionamento da execução fiscal caso fique demonstrada a prática pelo sócio de ato ou fato eivado de excesso de poderes ou de infração de lei, contrato social ou estatutos. 5. Recurso especial provido.[136]

Tendo em vista ser responsabilidade do ente tributante a comprovação do cometimento de atos ensejadores da responsabilização por intermédio do artigo 135, é fundamental que seja devidamente demonstrada e comprovada a sua existência nos autos do processo, administrativo ou judicial, em que se pretenda a responsabilização dos QUEM?

---

[135] BRASIL. Superior Tribunal de Justiça. Agravo Regimental no Recurso Especial nº 572175/PR. Relator Min. Humberto Martins. Brasília, 05 nov. 2007. Diário de Justiça Eletrônico, Brasília, p. 247, 05 nov. 2007. Disponível em: <http://www.stj.jus.br/SCON/jurisprudencia/toc.jsp?processo=572175&&b=ACOR&thesaurus=JURIDICO&p=true>. Acesso em 25//06/2018.

[136] BRASIL. Superior Tribunal de Justiça. Recurso Especial nº 212.033/SC. Relator Min. Castro Meira. Brasília, 12 nov. 2004. Diário de Justiça, Brasília, p. 220, 16 nov. 2004. Disponível em: <http://www.stj.jus.br/SCON/jurisprudencia/toc.jsp?processo=212033&&b=ACOR&thesaurus=JURIDICO&p=true>. Acesso em 25/06/2018.

2. Desconsideração da Personalidade Jurídica

2.1. A Desconsideração da Personalidade Jurídica como Espécie (ou como forma?) de Responsabilização do Sócio pelos Débitos da Pessoa Jurídica

2.1.1. *A Empresa e a Personalidade Jurídica*

O desenvolvimento de atividades econômicas, ao alcançar volume e complexidade, exige volumes de investimento e diversidade de capacidades, tornando seu desenvolvimento por uma pessoa natural ineficiente. Assim, com o intuito de suprir esta necessidade e de agrupar esforços de diferentes pessoas para o desenvolvimento de determinada atividade é que surgem articulações de agentes interessados na exploração lucrativa de tais atividades, formando-se, assim, as sociedades[137].

Neste sentido, os agentes interessados no desenvolvimento de tais atividades reúnem-se, estabelecendo a forma jurídica como tais empreendimentos serão desenvolvidos, sendo uma destas a sociedade empresária, a qual é conceituada da seguinte forma:

> Sociedade empresária é a pessoa jurídica que explora uma empresa. Atente-se que o adjetivo "empresária" conota ser a própria sociedade (e não os seus sócios) a titular da atividade econômica. Não se trata, com efeito, de sociedade *empresarial*, correspondente à sociedade *de empresários*,

[137] COELHO, Fábio Ulhoa. **Curso de Direito Comercial.** Vol. 2. 17ª ed. São Paulo: Saraiva, 2013. p. 21.

mas da identificação da pessoa jurídica como o agente econômico organizador da empresa. Essa sutileza terminológica, na verdade, justifica-se para o direito societário, em razão do princípio da autonomia da pessoa jurídica, o seu mais importante fundamento. Empresário, para todos os efeitos de direito, é a sociedade, e não os seus sócios. É incorreto considerar os integrantes da sociedade empresária como os titulares da empresa, porque essa qualidade é da pessoa jurídica, e não dos seus membros.[138]

A personificação de sociedades e a criação do conceito de pessoa jurídica remontam ao período do Império Romano. Inicialmente, a personificação, no Direito Romano, alcançava o Estado, o príncipe, o erário, as heranças jacentes, os colégios sacerdotais e as sociedades pias, os quais eram conhecidos como *corpora, universitates, collegia*, mas não como *personae*[139].

O direito privado, no antigo Direito Romano, dizia respeito, tão somente, às pessoas físicas, civis, sendo o conceito de pessoa jurídica originada no período do Império Romano:

> De forma geral, é possível relatar que no período romanístico antigo não se conhecia o conceito de pessoa jurídica. Na primeira fase do Império Romano, entretanto, conheciam-se algumas associações de interesse público, como *universitates, sodalitates, corpora* e *collefia*. Assim, o conceito de pessoa jurídica começou a desenvolver-se somente durante o Império, e quando da constituição dos *municipia*. Nessa época, às cidades itálicas que eram conquistadas e atraídas à órbita do Estado Romano outorgavam-se Estatutos e se lhes concedida uma espécie de autonomia. No Direito Justiniano, a pessoa jurídica ganhou mais destaque com as fundações. Já quando no último estágio do Direito Romano, duas classes de pessoas eram conhecidas: de um lado, as agrupações de indivíduos ou *universitates personarum*, colégios de sacerdotes, sociedades de publicanos, associações de artesões, e, de outro, as *universitates bonorum*, estabelecimentos ou fundações, e, desde os imperadores cristãos, conventos, hospitais, estabelecimentos pios e benéficos.

---

[138] COELHO, Fábio Ulhoa. **Curso de Direito Comercial.** Vol. 2. 17ª ed. São Paulo: Saraiva, 2013. p. 23.
[139] FREITAS, Elizabeth Cristina Campos Martins de. **Desconsideração da personalidade jurídica: análise à luz do código de defesa do consumidor e do novo código civil.** 2ª ed. São Paulo: Atlas, 2004. pp. 25-26.

Era feita distinção entre *universitas* e *societas*. Enquanto a *universitas* era compreendida como um sujeito jurídico, a *societas* era vista como uma relação jurídica.[140]

Nas sociedades do Direito Romano, entendidas como um vínculo contratual, as pessoas dos sócios eram os sujeitos capazes de adquirir direitos, obrigar-se e responder com seu patrimônio, não sendo reconhecida a sociedade perante terceiros. Já nas corporações, os associados eram absorvidos por uma unidade ideal que praticava os atos de comércio, como titular de direitos e obrigações. Nas corporações (*universitas*) o patrimônio deixava de ser considerado como propriedade de seus membros, pertencendo ao ente em si. Assim, as corporações romanas eram entendidas como pessoas jurídicas[141].

Após a criação do instituto no Direito Romano, o conceito de pessoa jurídica passou a penetrar no Direito Germânico. No Direito Canônico, por sua vez, o instituto se desenvolveu com a criação das fundações. Na Modernidade, por sua vez, verificou-se o aumento do número de figuras como associações e instituições, com um maior interesse do Estado em sua criação.[142]

A formação do conceito moderno de empresa remonta ao Direito Italiano, com a unificação do Código Comercial ao Código Civil, em 1942, quando foram estabelecidas *"regras próprias não mais àquele que pratica com habitualidade e profissionalidade atos de comércio, mas à atividade definida em lei como empresarial"*[143].

Por meio do Direito Italiano, criaram-se 4 aspectos para o conceito de empresa: (i) o aspecto subjetivo, entendido como o sujeito que, em

---

[140] FREITAS, Elizabeth Cristina Campos Martins de. **Desconsideração da personalidade jurídica: análise à luz do código de defesa do consumidor e do novo código civil.** 2ª ed. São Paulo: Atlas, 2004. pp. 25-26.

[141] FREITAS, Elizabeth Cristina Campos Martins de. **Desconsideração da personalidade jurídica: análise à luz do código de defesa do consumidor e do novo código civil.** 2ª ed. São Paulo: Atlas, 2004. p. 26-27.

[142] FREITAS, Elizabeth Cristina Campos Martins de. **Desconsideração da personalidade jurídica: análise à luz do código de defesa do consumidor e do novo código civil.** 2ª ed. São Paulo: Atlas, 2004. p. 27.

[143] NEGRÃO, Ricardo. **Manual de Direito Comercial e de Empresa.** Vol. 1. 10ª ed. São Paulo: Saraiva, 2013. p. 64.

nome próprio exerce atividade econômica organizada de forma profissional; (ii) o aspecto funcional, compreendido pela atividade empresarial dirigida para determinado objetivo; (iii) o aspecto objetivo ou patrimonial, caracterizado pelo complexo de bens utilizados no exercício da atividade empresarial; e (iv) o aspecto corporativo, entendido como o resultado da organização formada pelo empresário e seus colaboradores[144].

O conceito de pessoa jurídica pode ser definido por duas correntes: as teorias pré-normativistas e as teorias normativistas. Para os primeiros, as pessoas jurídicas são seres preexistentes e independentes da ordem jurídica, sendo a sua disciplina legal objetiva reconhecer algo preexistente. Já para as terias normativistas, as pessoas jurídicas são uma criação do direito, inexistindo sem a previsão legal correspondente[145]. Tais correntes, segundo Fabio Ulhoa Coelho, não interferem na conceituação da pessoa jurídica[146].

A personalização, no campo do direito privado, confere a autorização genérica para a prática de atos jurídicos. Não há uma delimitação dos atos os quais a pessoa está apta a praticar, como no caso dos sujeitos despersonalizados, mas a simples delimitação daqueles atos cuja prática é proibida[147]. Neste sentido, os sujeitos personalizados podem praticar quaisquer atos, desde que não expressamente proibidos pela Lei, enquanto os sujeitos despersonalizados somente podem praticar aqueles atos expressamente autorizados pela Lei.

A personalidade jurídica, neste sentido, é uma criação legal destinada a conceder *"capacidade para uma entidade puramente legal subsistir e desenvolver-se no mundo jurídico"*[148]. Sua origem, conforme Ricardo Negrão, remonta aos estudos de Savigny, Gluck e Heise:

---

[144] NEGRÃO, Ricardo. **Manual de Direito Comercial e de Empresa.** Vol. 1. 10ª ed. São Paulo: Saraiva, 2013. p. 66-70.
[145] COELHO, Fábio Ulhoa. **Curso de Direito Comercial.** Vol. 2. 17ª ed. São Paulo: Saraiva, 2013. p. 26.
[146] COELHO, Fábio Ulhoa. **Curso de Direito Comercial.** Vol. 2. 17ª ed. São Paulo: Saraiva, 2013. p. 27.
[147] COELHO, Fábio Ulhoa. **Curso de Direito Comercial.** Vol. 2. 17ª ed. São Paulo: Saraiva, 2013. p. 28.
[148] NEGRÃO, Ricardo. **Manual de Direito Comercial e de Empresa.** Vol. 1. 10ª ed. São Paulo: Saraiva, 2013. p. 269.

É unânime o entendimento no sentido de que o passo definitivo para a evolução do conceito jurídico de personalidade deve-se a Savigny, mas o Professor António Menezes Cordeiro, da Faculdade de Direito de Lisboa, lembra que foi Gluck quem introduziu a distinção entre pessoa natural e pessoa moral, cabendo a Heise propor às pessoas jurídicas uma noção geral e diversas classificações, ao notar: "Os diversos tipos de pessoas jurídicas não são, na minha opinião, quase nunca indicados. Pessoa jurídica é tudo o que, para além da pessoa singular, é reconhecido, pelo Estado, como um sujeito de direitos. Cada uma delas deve contudo ter um substrato qualquer, que forme ou represente a pessoa jurídica. Esse substrato pode consistir: 1) em pessoas singulares e isso a) numa única em cada momento (por funcionários públicos), ou b) num conjunto simultâneo de várias pessoas (*universitates*); 2) em coisas, designadamente a) em prédios (por servidões e pelos nossos direitos subjetivos reais) ou b) pelo patrimônio duma pessoa (*fiscus, heriditas*) ou c) por qualquer massa de bens, destinados a um escopo comum e colocados sob uma administração especial (...)".[149]

Assim, a personalização das sociedades empresarias traz consigo consequências precisas relacionadas aos direitos e obrigações do sujeito de direitos que esta passa a ser quando tratada como uma pessoa jurídica. Segundo Fabio Ulhoa Coelho, ao estabelecer-se uma separação entre a pessoa jurídica e seus membros, consagra-se sua autonomia patrimonial e a segregação dos direitos e obrigações decorrentes da realização da atividade econômica destes[150].

Tal segregação manifesta-se em três consequências: a titularidade obrigacional, a titularidade processual e a responsabilidade patrimonial.

A titularidade obrigacional manifesta-se diretamente na sociedade revestida de personalidade jurídica, fato que decorre da participação direta da pessoa jurídica nas relações obrigacionais, como credora ou devedora, estendendo-se apenas excepcionalmente os efeitos destas relações à esfera subjetiva de quem atua em nome da sociedade empresária[151].

---

[149] NEGRÃO, Ricardo. **Manual de Direito Comercial e de Empresa.** Vol. 1. 10ª ed. São Paulo: Saraiva, 2013. pp. 269-270.
[150] COELHO, Fábio Ulhoa. **Curso de Direito Comercial.** Vol. 2. 17ª ed. São Paulo: Saraiva, 2013. p. 32.
[151] COELHO, Fábio Ulhoa. **Curso de Direito Comercial.** Vol. 2. 17ª ed. São Paulo: Saraiva, 2013. pp. 32-33.

A titularidade processual, com a personalização conferida à sociedade empresária, passa a ser desta, que será legítima para demandar e ser demandada em juízo quando tratarem-se de processos relacionados às suas obrigações e direitos[152].

Por fim, a responsabilidade patrimonial, com a personalização da sociedade empresária, passa a ser exercida por esta. Cria-se, portanto, uma separação entre o patrimônio da sociedade e o de seus sócios. Os bens atribuídos à pessoa jurídica são de propriedade desta, inexistindo comunhão ou condomínio de seus sócios. Os sócios têm, em seu patrimônio pessoal, apenas a participação societária, que não se confunde com o patrimônio da sociedade[153].

Desta realidade surge o princípio da autonomia patrimonial:

> Pois assim sendo, conclui-se que respondem pelas obrigações da sociedade, em princípio, apenas os bens sociais. Sócio e sociedade não são a mesma pessoa, e, como não cabe, em regra, responsabilizar alguém (o sócio) por dívida de outrem (a pessoa jurídica da sociedade), a responsabilidade patrimonial pelas obrigações da sociedade empresária não é dos seus sócios. Em outros termos, a garantia do credor é representada pelo patrimônio do devedor; se devedora é a sociedade empresária, então será o patrimônio social (e não o dos sócios) que garantirá a satisfação dos direitos creditícios existentes contra ela. Somente em hipóteses que excepcionam a regra da autonomia da pessoa jurídica poder-se-á executar o patrimônio do sócio, em busca do atendimento da dívida da sociedade.[154]

Neste sentido, Elizabeth Cristina Campos Martins de Freitas conceitua a autonomia das pessoas jurídicas conforme segue:

> De forma geral, o conceito de pessoa jurídica caracteriza-a como ente incorpóreo que, assim como a pessoa física, pode ser detentor de direitos. Dessa forma, é incorreto confundir as pessoas jurídicas com as pessoas físicas que propiciaram seu nascimento. Ocorre, na verdade, o contrário, à

---

[152] COELHO, Fábio Ulhoa. **Curso de Direito Comercial.** Vol. 2. 17ª ed. São Paulo: Saraiva, 2013. p. 33.
[153] COELHO, Fábio Ulhoa. **Curso de Direito Comercial.** Vol. 2. 17ª ed. São Paulo: Saraiva, 2013. p. 33.
[154] COELHO, Fábio Ulhoa. **Curso de Direito Comercial.** Vol. 2. 17ª ed. São Paulo: Saraiva, 2013. p. 33-34.

medida que há um distanciamento das mesmas. Essas pessoas jurídicas, assim que constituídas, adquirem patrimônio autônomo e capacidade para exercer direitos em nome próprio. É por esse motivo que as pessoas jurídicas possuem, assim como as pessoas físicas, nome particular, domicílio e nacionalidade. Além disso, são aptas a estar em juízo, seja no pólo ativo (como autoras) ou no pólo passivo (como rés), sem envolver diretamente as pessoas físicas que as constituíram.

As pessoas jurídicas têm vida autônoma e, em muitos casos, até mesmo a alteração das pessoas físicas responsáveis por sua constituição não irá repercutir em mudanças em seu organismo. Isso dependerá do que for pactuado pelos sócios, como, por exemplo, no caso de sociedades institucionais ou de capitais, que permitem a substituição de sócios ou que eles mudem de estado sem alteração da estrutura social.[155]

Conforme Amador Paes de Almeida, a autonomia permite às sociedades a aptidão de exercer direitos e obrigações:

Formando, pois, uma entidade à parte, absolutamente distinta das pessoas naturais que as integram, culminaram as sociedades comerciais ou civis, por serem reconhecidas pelo ordenamento jurídico, como unidades autônomas. Tal personificação, como preleciona Carvalho Mendonça, permite às sociedades:
a) a capacidade de determinar-se e agir para a defesa e consecução de seus fins, por meio dos indivíduos, que figuram como seus órgãos;
b) o patrimônio autônomo, isto é, não pertencente a nenhum dos indivíduos que a compõem;
c) as obrigações ativas e passivas a seu cargo exclusivo;
d) a representação em juízo.
A personificação das sociedades confere-lhes, portanto, aptidão para exercer direitos e contrair obrigações. Daí dizer-se que as sociedades regulares ou de direito constituem uma unidade jurídica autônoma.[156]

---

[155] FREITAS, Elizabeth Cristina Campos Martins de. **Desconsideração da personalidade jurídica: análise à luz do código de defesa do consumidor e do novo código civil.** 2ª ed. São Paulo: Atlas, 2004. pp. 47-48.

[156] ALMEIDA, Amador Paes de. **Execução de Bens dos Sócios: obrigações mercantis, tributárias, trabalhistas: da desconsideração da personalidade jurídica (doutrina e jurisprudência).** 9ª ed. São Paulo: Saraiva, 2008. pp. 6-7.

Tais reflexos têm sua verificação quando do início dos efeitos da personalidade jurídica da sociedade, ou seja, com a sua existência legal, o que ocorre com a inscrição de seus atos constitutivos perante os órgãos responsáveis (Juntas Comerciais, no caso de sociedades empresárias, e Cartórios Civis das Pessoas Jurídicas, no caso das sociedades simples)[157].

Constituída a sociedade, os sócios passam a ter como deveres fundamentais (i) a cooperação recíproca; (ii) a formação do capital social; e (iii) a responsabilidade perante terceiros. O primeiro decorre da intenção de conjugar esforços e da vontade de colaboração ativa dos sócios, denominado como *affectio societatis*. O segundo decorre do dever de os sócios contribuírem para a formação do capital social com dinheiro, bens ou serviços. Por fim, a responsabilidade para com terceiros decorre de uma série de fatores, variáveis conforme a espécie de sociedade ou os tipos de sócios[158].

Tais conceitos e a autonomia patrimonial da pessoa jurídica estão refletidos no ordenamento jurídico brasileiro, que, por diversas vezes, reforça a autonomia da pessoa jurídica. Tal ocorre no Código Civil, conforme o artigo 1.024, que estabelece que *"Os bens particulares dos sócios não podem ser executados por dívidas da sociedade, senão depois de executados os bens sociais"*[159].

Também no âmbito das Sociedades Anônimas, a Lei nº 6.404/1976 estabelece que o administrador não será pessoalmente responsável pelas obrigações contraídas em nome da sociedade:

> Art. 158. O administrador não é pessoalmente responsável pelas obrigações que contrair em nome da sociedade e em virtude de ato regular de gestão; responde, porém, civilmente, pelos prejuízos que causar, quando proceder:
> I – dentro de suas atribuições ou poderes, com culpa ou dolo;
> II – com violação da lei ou do estatuto.[160]

---

[157] NEGRÃO, Ricardo. **Manual de Direito Comercial e de Empresa.** Vol. 1. 10ª ed. São Paulo: Saraiva, 2013. p. 270-271.

[158] ALMEIDA, Amador Paes de. **Execução de Bens dos Sócios: obrigações mercantis, tributárias, trabalhistas: da desconsideração da personalidade jurídica (doutrina e jurisprudência).** 9ª ed. São Paulo: Saraiva, 2008. pp. 29-30.

[159] BRASIL. Lei nº 10.406, de 10 de janeiro de 2002. Institui o Código Civil. **Diário Oficial da União**: seção 1, Brasília, DF, ano 139, n. 8, p. 1-74, 11 jan. 2002.

[160] BRASIL. Lei nº 6.404, de 15 de dezembro de 1976. Dispõe sobre as Sociedades por Ações. **Diário Oficial da União**: 17 dez. 1976.

DESCONSIDERAÇÃO DA PERSONALIDADE JURÍDICA

Também o Código de Processo Civil estabelece, em seu artigo 795, que *"Os bens particulares dos sócios não respondem pelas dívidas da sociedade, senão nos casos previstos em lei"* e prevê a possibilidade de o sócio que tenha bens afetados para o adimplemento de dívidas da sociedade exigir que primeiro sejam afetados os bens da sociedade[161].

Sobre a faculdade de criação da personalidade jurídica e suas consequências, esclarece Edmar Oliveira Andrade Filho:

> Pois bem, a faculdade de criação de uma personalidade jurídica embute, na verdade, duas ordens de prerrogativas. Em primeiro lugar está a possibilidade de organização da vida econômica e social debaixo de uma personalidade jurídica distinta de si, com separação patrimonial e, em segundo lugar, está a faculdade de escolher o "modelo jurídico", dentre os acessíveis, ou seja, ao empreendedor ou aquele que quer associar-se é lícito escolher o tipo de sociedade ou associação a que quer se vincular.
> A exemplo do que ocorre com o exercício de qualquer direito subjetivo, a faculdade de criação, participação e direção de personalidades jurídicas coletivas não pode ser exercida mediante a observância exclusiva dos aspectos formais ditados pelo ordenamento jurídico vigente. Em outras palavras, a criação e o funcionamento de uma pessoa jurídica é, sempre, vinculada ao exercício de uma dada função social.[162]

Por função social a ser desempenhada pela pessoa jurídica entende-se não só a atuação da empresa com a observância das restrições que lhe sejam impostas pelo ordenamento jurídico, mas também sua atuação em prol do interesse coletivo. Neste contexto, a realização do fim da sociedade não pode ser obtida a qualquer custo[163].

Assim é que a autonomia conferida às pessoas jurídicas, em que pese ligada ao reconhecimento de sua existência, não será de forma absoluta, não não podendo seus poderes serem utilizados como meio para a prática de atos que causem danos ilícitos a terceiros:

---

[161] BRASIL. Lei nº 13.105, de 16 de março de 2015. Código de Processo Civil. **Diário Oficial da União**: 17 mar. 2015.
[162] ANDRADE FILHO, Edmar Oliveira. **Desconsideração da Personalidade Jurídica no Novo Código Civil**. São Paulo: MP Editora, 2005. p. 44.
[163] ANDRADE FILHO, Edmar Oliveira. **Desconsideração da Personalidade Jurídica no Novo Código Civil**. São Paulo: MP Editora, 2005. pp. 54-55.

O exercício da liberdade ou do poder jurídico não é livre ou absoluto a ponto de legitimar a prática de ações ou omissões que causem danos ilícitos a outrem. Assim, os poderes conferidos a uma pessoa, pela ordem jurídica, não podem ser exercidos de forma abusiva ou prejudicial, isto é, com o objetivo de prejudicar os direitos das outras pessoas da comunidade ou para ações ou omissões contrárias ao código de valores vigentes. Para reprimir ou coibir os abusos, o ordenamento jurídico conta com o instrumental das normas que prescrevem as sanções negativas, baseadas em tipos normativos ou em princípios.[164]

Sendo assim, o direito prevê possibilidades em que, em prol da garantia dos direitos de terceiros, os atos praticados no livre exercício da autonomia patrimonial serão desconsiderados, afetando-se os bens dos sócios para garantia de tais débitos. Neste contexto é que surge o instituto da desconsideração da personalidade jurídica.

2.1.2. Do Instituto da Desconsideração da Personalidade Jurídica

A pessoa jurídica é entendida como a entidade para a qual a Lei empresta personalidade, capacitando-a a ser sujeito de direitos e obrigações. Como principal característica da pessoa jurídica, tem-se a sua autonomia em relação à pessoa dos sócios[165]. Assim, nas palavras de Caio Mário da Silva Pereira[166]:

> "[...] a complexidade da vida civil e a necessidade da conjugação de esforços de vários indivíduos para a consecução de objetivos comuns ou de interesse social, ao mesmo passo que aconselham e estimulam a sua agregação e polarização de suas atividades, sugerem ao direito equiparar à própria pessoa humana certos agrupamentos de indivíduos e certas destinações patrimoniais e lhe aconselham atribuir personalidade e capacidade de ação aos entes abstratos assim gerados. Surgem, então as pessoas jurídicas".

---

[164] ANDRADE FILHO, Edmar Oliveira. **Desconsideração da Personalidade Jurídica no Novo Código Civil.** São Paulo: MP Editora, 2005. p. 39.
[165] FREITAS, Elizabeth Cristina Campos Martins de. **Desconsideração da personalidade jurídica: análise à luz do código de defesa do consumidor e do novo código civil.** 2ª ed. São Paulo: Atlas, 2004. pp. 29-30
[166] PEREIRA, Caio Mário da Silva. **Instituições de direito civil.** Rio de Janeiro: Forense, 1991. vol. 1, pp. 198-199.

Sendo assim, a pessoa jurídica é uma ficção jurídica que tem como finalidade segregar o patrimônio da pessoa física para que determinada sociedade possa praticar uma atividade civil ou mercantil[167].

Nas palavras de Fábio Ulhoa Coelho, contudo, tal segregação nem sempre está ligada a questões patrimoniais, haja vista que, em determinadas situações, a personalização das sociedades está vinculada às questões não patrimoniais, como no caso das sociedades em que os sócios possuem responsabilidade ilimitada pelas obrigações sociais. De outro lado, há casos em que há reunião de esforços não personalizada e com responsabilização limitada dos participantes, como no caso da sociedade em conta de participação (sócio participante)[168].

Tratando-se, portanto, de ente autônomo em relação à pessoa de seus membros, a pessoa jurídica foi utilizada, ao longo da história, como meio para a prática de atos fraudulentos ou com abuso de direito. É assim que, a partir do século XIX, a doutrina e a jurisprudência passaram a preocupar-se com a busca de meios idôneos para a repressão dos desvios na utilização da pessoa jurídica[169].

É neste contexto que nasce a teoria da desconsideração da personalidade jurídica, que tem como principal objetivo obstar a ocorrência de fraudes ou abusos por meio da personalidade jurídica[170]. Neste sentido, elucida Ricardo Negrão:

> A concessão de personalidade jurídica, tendo em vista seus efeitos, leva, muitas vezes, a determinados abusos por parte do titular da empresa individual de responsabilidade limitada e dos sócios das sociedades, atingindo direitos de credores e de terceiros. Nesse caso, vem-se admitindo o superamento da personalidade jurídica com o fim exclusivo de atingir o patri-

---

[167] ALVIN, Thereza. CAMARGO, Luiz Henrique Volpe. SCHMITZ, Leonard Ziesemer. CARVALHO, Natália Gonçalves de Macedo. Coord. **O Novo Código de Processo Civil Brasileiro – Estudos Dirigidos: esquematização e procedimentos.** Rio de Janeiro: Forense, 2016. p. 204.

[168] COELHO, Fábio Ulhoa. **Curso de Direito Comercial.** Vol. 2. 17ª ed. São Paulo: Saraiva, 2013. p. 25.

[169] FREITAS, Elizabeth Cristina Campos Martins de. **Desconsideração da personalidade jurídica: análise à luz do código de defesa do consumidor e do novo código civil.** 2ª ed. São Paulo: Atlas, 2004. p. 57.

[170] FREITAS, Elizabeth Cristina Campos Martins de. **Desconsideração da personalidade jurídica: análise à luz do código de defesa do consumidor e do novo código civil.** 2ª ed. São Paulo: Atlas, 2004. p. 58.

mônio do titular da empresa individual de responsabilidade limitada ou dos sócios da sociedade empresária envolvidos na administração dos negócios. Por essa razão a teoria do superamento da personalidade jurídica – *disregard of the legal entity* – é também conhecida como teoria da penetração.[171]

Sendo assim, a teoria da desconsideração da personalidade jurídica permite a desconsideração da autonomia jurídica da pessoa jurídica quando utilizada abusivamente, ao arrepio da lei e da moral[172].

A teoria da desconsideração da personalidade jurídica teve sua origem histórica nos Estados Unidos, com o julgamento *Bank of United States v. Deveaux*, em 1809, conforme destaca Suzy Elizabeth Cavalcante Koury:

> Mas foi no âmbito da *common law*, principalmente a norte-americana, que se desenvolveu, inicialmente na jurisprudência, a desconsideração da personalidade jurídica.
> Com efeito, no ano de 1809, no caso *Bank of United States v. Deveaux*, o Juiz Marshall, com a intenção de preservar a jurisdição das cortes federais sobre as *corporations*, já que a Constituição Federal americana, no seu artigo 3º, seção 2ª, limita tal jurisdição às controvérsias entre cidadãos de diferentes estados, conheceu da causa.
> Como bem assinala WORMSER, não cabe aqui discutir a decisão em si, a qual foi, na verdade, repudiada por toda a doutrina, e sim ressaltar o fato de que em 1809 "...as cortes levantaram o véu e consideraram as características dos sócios individuais".[173]

Contudo, grande parte da doutrina atribui ao direito inglês a origem da *disregard doctrine*, por meio do julgamento *Salomon vs. Salomon Co.*, ocorrido em 1897[174].

---

[171] NEGRÃO, Ricardo. **Manual de Direito Comercial e de Empresa.** Vol. 1. 10ª ed. São Paulo: Saraiva, 2013. p. 273.
[172] GIARETA, Gerci. Teoria da Despersonalização da Pessoa Jurídica ("Disregard Doctrine"). **Doutrinas Essenciais de Responsabilidade Civil,** Revista dos Tribunais, São Paulo, vol. 1, out. 2011, pp. 1051/1073.
[173] KOURY, Suzy Elizabeth Cavalcante. **A desconsideração da personalidade jurídica (disregard doctrine) e os grupos de empresas.** Rio de Janeiro: Forense, 2003. pp. 63-64.
[174] ALVIN, Thereza. CAMARGO, Luiz Henrique Volpe. SCHMITZ, Leonard Ziesemer. CARVALHO, Natália Gonçalves de Macedo. Coord. **O Novo Código de Processo Civil Brasileiro**

O caso americano foi o primeiro a permitir a superação da personalidade jurídica para responsabilizar os seus sócios. Em que pese repudiada pela maior parte da doutrina sobre o tema, a decisão foi o marco inicial da teoria da desconsideração da personalidade jurídica[175].

No caso inglês, foi alcançado o patrimônio do sócio fundador da empresa *Salomon Co.* em processo de falência, tendo em vista que a empresa, desde sua constituição, foi insolvente, sendo reconhecida a confusão patrimonial entre a empresa e seu sócio. Tal decisão, embora tenha motivado o início das discussões sobre a temática no direito inglês, foi reformada pela *House of Lords* (Câmara Alta do Parlamento Britânico)[176].

A teoria da desconsideração teve sua gestação, pois, no *common law*, onde foram identificados os primeiros julgados que abordaram a temática da possível superação da personalidade jurídica. Desde 1912, o jurista americano Maurice Wormser trabalhava a respeito do tema, conhecido nos tribunais americanos como *disregard of legal entity*, ou ainda como *lifting the corporate veil*.

Em seus estudos, Wormser procurou delinear o conceito da desconsideração da personalidade jurídica, reconhecendo que, nos casos em que verificado o uso da pessoa jurídica como meio para perpetrar atos de fraude a credores, para eximir-se de obrigações existentes, para impedir a aplicação da lei, para constituir ou conservar monopólio ou para proteger infratores a lei, seria possível que os tribunais desconsiderassem a personalidade jurídica, para considerar a sociedade como um conjunto de homens, aplicando-lhes, assim, a responsabilidade pelos atos praticados[177].

O conceito inicialmente delineado pela doutrina norte-americana foi, então, alargado pelos estudos que sucederam os de Wormser, am-

---

– **Estudos Dirigidos: esquematização e procedimentos.** Rio de Janeiro: Forense, 2016. p. 206.

[175] FREITAS, Elizabeth Cristina Campos Martins de. **Desconsideração da personalidade jurídica: análise à luz do código de defesa do consumidor e do novo código civil.** 2ª ed. São Paulo: Atlas, 2004. p. 58.

[176] FREITAS, Elizabeth Cristina Campos Martins de. **Desconsideração da personalidade jurídica: análise à luz do código de defesa do consumidor e do novo código civil.** 2ª ed. São Paulo: Atlas, 2004. p. 233.

[177] FREITAS, Elizabeth Cristina Campos Martins de. **Desconsideração da personalidade jurídica: análise à luz do código de defesa do consumidor e do novo código civil.** 2ª ed. São Paulo: Atlas, 2004. p. 58.

pliando a possibilidade de aplicação da *disregard doctrine* e prevendo sua incidência também em casos de abuso de direito[178].

Ao analisar-se a jurisprudência americana do início do século XX, é possível verificar que grande parte das decisões acabava por desconsiderar atributos da pessoa jurídica, principalmente no que concerne à limitação de responsabilidade, influenciando-se pelas circunstâncias sociais e inclinando-se no sentido de coibir a fraude e o abuso de direito[179].

Na Alemanha, a teoria da desconsideração da personalidade jurídica teve origem com a doutrina da *Durchgriff*, ou teoria da penetração, a qual, em sentido amplo, pretende designar todos os casos em que é abandonada a separação entre pessoa jurídica e a pessoa membro desta[180].

Os primeiros julgados pelos Tribunais Alemães remontam à década de 1920; contudo, foi no período do regime nazista que a jurisprudência alemã firmou a *Durchgriff*, aplicando a teoria da penetração para que fosse reconhecida a nulidade do ato de formação da sociedade constituída com abuso de forma[181].

A teoria ganhou abordagem sistemática com a obra de Rolf Serick. Seu trabalho, amparando-se na jurisprudência dos tribunais alemães e norte-americanos, culminou com a formulação da teoria segundo a qual o juiz teria a faculdade de ignorar a pessoa jurídica utilizada como instrumento para a prática de atos fraudulentos ou com abuso de direito, decidindo como se esta não existisse[182].

---

[178] FREITAS, Elizabeth Cristina Campos Martins de. **Desconsideração da personalidade jurídica: análise à luz do código de defesa do consumidor e do novo código civil.** 2ª ed. São Paulo: Atlas, 2004. p. 58.

[179] FREITAS, Elizabeth Cristina Campos Martins de. **Desconsideração da personalidade jurídica: análise à luz do código de defesa do consumidor e do novo código civil.** 2ª ed. São Paulo: Atlas, 2004. p. 58.

[180] GIARETA, Gerci. Teoria da Despersonalização da Pessoa Jurídica ("Disregard Doctrine"). **Doutrinas Essenciais de Responsabilidade Civil**, Revista dos Tribunais, São Paulo, vol. 1, out. 2011, pp. 1051/1073.

[181] GIARETA, Gerci. Teoria da Despersonalização da Pessoa Jurídica ("Disregard Doctrine"). **Doutrinas Essenciais de Responsabilidade Civil**, Revista dos Tribunais, São Paulo, vol. 1, out. 2011, pp. 1051/1073.

[182] FREITAS, Elizabeth Cristina Campos Martins de. **Desconsideração da personalidade jurídica: análise à luz do código de defesa do consumidor e do novo código civil.** 2ª ed. São Paulo: Atlas, 2004. p. 59.

Da obra de Serick extrai-se que a separação patrimonial entre pessoa jurídica e seus membros é um princípio jurídico, o qual somente poderá ser desconsiderado pelo Judiciário em determinadas situações, não sendo sua desconsideração em casos em que não exista prova da prática de atos fraudulentos ou abusivos por parte dos sócios[183].

Sua obra resultou na formulação de quatro princípios: (i) a possibilidade de o juiz, ante o abuso da forma jurídica, desconsiderar o princípio de separação patrimonial entre sócio e pessoa jurídica; (ii) a impossibilidade de desconsideração da personalidade da sociedade em face da mera prova da insatisfação do direito do credor; (iii) a aplicação das normas de capacidade ou valor humano, levando-se em consideração as pessoas físicas que agem em nome da sociedade, solucionando-se, assim, questões de nacionalidade/raça das pessoas jurídicas; e (iv) a possibilidade de desconsideração da personalidade jurídica utilizada como meio para aplicação da disciplina legal ao negócio praticado entre estas[184].

No Brasil, a teoria da Desconsideração da Personalidade Jurídica passou a ser doutrinariamente reconhecida com a obra de Rubens Requião, o qual, em críticas formuladas a julgado do Tribunal de Justiça do Estado de São Paulo, reconheceu que *"Todos percebem que a personalidade jurídica pode vir a ser usada como anteparo de fraude, sobretudo para contornar as proibições estatutárias do exercício de comércio ou outras vedações legais"*[185].

Assim, conclui o jurista que *"não é a anulação da personalidade jurídica em toda a sua extensão, mas apenas a declaração de sua ineficácia para determinado efeito, em caso concreto, em virtude de o uso legítimo da personalidade ter sido desviado de sua legítima finalidade (abuso de direito) ou para prejudicar credores ou violar a lei (fraude)"*[186].

---

[183] FREITAS, Elizabeth Cristina Campos Martins de. **Desconsideração da personalidade jurídica: análise à luz do código de defesa do consumidor e do novo código civil.** 2ª ed. São Paulo: Atlas, 2004. p. 60.

[184] COELHO, Fábio Ulhoa. **Curso de Direito Comercial.** Vol. 2. 17ª ed. São Paulo: Saraiva, 2013. pp. 59-60.

[185] REQUIÃO, Rubens. Abuso de Direito e Fraude Através da Personalidade Jurídica (*Disregard Doctrine*). **Revista dos Tribunais RT**, São Paulo, nº 410/12, dez. 1969.

[186] REQUIÃO, Rubens. Abuso de Direito e Fraude Através da Personalidade Jurídica (*Disregard Doctrine*). **Revista dos Tribunais RT**, São Paulo, nº 410/12, dez. 1969.

Devidamente incorporada ao ordenamento jurídico brasileiro, a desconsideração da personalidade jurídica está, atualmente, prevista no direito positivo brasileiro no artigo 50 do Código Civil, que assim dispõe:

> Art. 50. Em caso de abuso da personalidade jurídica, caracterizado pelo desvio de finalidade, ou pela confusão patrimonial, pode o juiz decidir, a requerimento da parte, ou do Ministério Público quando lhe couber intervir no processo, que os efeitos de certas e determinadas relações de obrigações sejam estendidos aos bens particulares dos administradores ou sócios da pessoa jurídica.[187]

Além disso, a desconsideração da personalidade jurídica também encontra previsão no artigo 28 do Código de Defesa do Consumidor, instituído pela Lei nº 8.078, de 11 de setembro de 1990, segundo o qual:

> Art. 28. O juiz poderá desconsiderar a personalidade jurídica da sociedade quando, em detrimento do consumidor, houver abuso de direito, excesso de poder, infração da lei, fato ou ato ilícito ou violação dos estatutos ou contrato social. A desconsideração também será efetivada quando houver falência, estado de insolvência, encerramento ou inatividade da pessoa jurídica provocados por má administração.

Portanto, a desconsideração da personalidade jurídica, como forma de possibilitar que aquelas pessoas lesadas pelos abusos de personalidade praticados por meio da pessoa jurídica obtenham a devida reparação, caracteriza-se pela superação da autonomia desta, impedindo a segregação de seu patrimônio e de seus sócios, evitando, assim, a distorção de sua finalidade[188].

Nas palavras de Fábio Ulhoa Coelho, a *"teoria da desconsideração da personalidade jurídica não é uma teoria contrária à personalização das sociedades empresárias e à sua autonomia em relação aos sócios. Ao contrário, seu*

---

[187] BRASIL. Lei nº 10.406, de 10 de janeiro de 2002. Institui o Código Civil. **Diário Oficial da União**: seção 1, Brasília, DF, ano 139, n. 8, p. 1-74, 11 jan. 2002.

[188] ALVIN, Thereza. CAMARGO, Luiz Henrique Volpe. SCHMITZ, Leonard Ziesemer. CARVALHO, Natália Gonçalves de Macedo. Coord. **O Novo Código de Processo Civil Brasileiro – Estudos Dirigidos: esquematização e procedimentos.** Rio de Janeiro: Forense, 2016. p. 205.

objetivo é preservar o instituto, coibindo práticas fraudulentas e abusivas que dele se utilizam"[189].

Sendo assim, por meio da desconsideração da personalidade jurídica, o juiz pode ignorar a existência da pessoa jurídica, deixando de aplicar as regras que impõem a sua segregação patrimonial, a fim de coibir fraudes decorrentes da manipulação das regras que determinam tal autonomia patrimonial da sociedade. Tal fato não implica em dissolução ou invalidação dos atos constitutivos da sociedade, eis que a desconsideração limita-se ao caso julgado, sendo limitada a este escopo de aplicabilidade[190].

A desconsideração da personalidade jurídica admite, também, duas modalidades: a comum e a inversa. Na primeira, a desconsideração visa superar a autonomia da pessoa jurídica, alcançando bens dos sócios para a satisfação de obrigações da pessoa jurídica. Já no caso da desconsideração inversa, há o alcance do patrimônio da empresa para a satisfação de débitos dos sócios[191].

Tem-se, portanto, que o instituto da desconsideração da personalidade jurídica busca amparar aqueles que sejam credores dos atos ilícitos cometidos sob o manto da autonomia da pessoa jurídica[192].

Para tanto, deverão estar presentes os requisitos previstos no artigo 50 do Código Civil, quais sejam, (i) o desvio de finalidade e (ii) a confusão patrimonial entre a pessoa jurídica e seus sócios. A desconsideração da personalidade jurídica, na esteira do referido dispositivo, poderá ser requerida pelas partes no processo judicial ou pelo Ministério Público, nos casos em que intervir no processo.

Assim, verificado o abuso da personalidade jurídica, caracterizado pelo desvio da finalidade ou pela confusão patrimonial, poderá o juiz decretar a responsabilização de administradores ou sócios da pessoa jurídica.

---

[189] COELHO, Fábio Ulhoa. **Curso de Direito Comercial**. Vol. 2. 17ª ed. São Paulo: Saraiva, 2013. p. 61.

[190] COELHO, Fábio Ulhoa. **Curso de Direito Comercial**. Vol. 2. 17ª ed. São Paulo: Saraiva, 2013. p. 63.

[191] GONÇALVES, Marcus Vinícius Rios. **Direito Processual Civil Esquematizado**. 6ª ed. São Paulo: Saraiva, 2015 p. 259.

[192] ALVIN, Thereza. CAMARGO, Luiz Henrique Volpe. SCHMITZ, Leonard Ziesemer. CARVALHO, Natália Gonçalves de Macedo. Coord. **O Novo Código de Processo Civil Brasileiro – Estudos Dirigidos: esquematização e procedimentos**. Rio de Janeiro: Forense, 2016. p. 206.

2.1.3. *A Desconsideração da Personalidade Jurídica no Âmbito do Direito Tributário*

A aplicabilidade da desconsideração da personalidade jurídica no âmbito do Direito Tributário não encontra consenso na doutrina especializada.

Considerando-se a existência das hipóteses de responsabilidade tributária, caracterizando-se como um dos meios aptos a viabilizar a responsabilização de terceiros pelas obrigações tributárias da pessoa jurídica, parcela da doutrina especializada entende que tais hipóteses de responsabilização não se confundem com a desconsideração da personalidade jurídica e, assim, este instituto não encontraria aplicabilidade no Direito Tributário.

Neste sentido, pode-se destacar o posicionamento de José Eduardo Soares de Melo:

> Entretanto, a desconsideração da personalidade jurídica não poderia ser aplicada nos lindes tributários, em razão de não provir de lei complementar. Mesmo que se entenda que o CTN não oferecera tratamento específico à mencionada *desconsideração*, e que seria possível a sua integração à sistemática tributária, o agente fazendário – ao apurar o *desvio de finalidade* (desvirtuamento dos objetivos societários), ou *confusão* patrimonial (utilização distinta do patrimônio dos sócios e da Sociedade) –, somente poderia imputar a responsabilidade aos bens particulares, após decisão judicial específica.[193]

No mesmo sentido está o posicionamento de Luciano Amaro:

> É importante referir essa distinção porque nossa lei tributária apresenta vários exemplos em que a responsabilidade de uma pessoa jurídica é imputada a terceiros, solidária ou subsidiariamente. Não existe aí desconsideração da personalidade jurídica. O que se dá é que, independentemente da forma societária adotada (por exemplo, sociedade cujo sócio seja *ilimitadamente* responsável, ou sociedade onde ele tenha responsabilidade *limitada* ao capital), a lei tributária, em certas situações, atribui, de modo expresso, a responsabilidade tributária (subsidiária, solidária ou exclusiva) à pessoa do sócio. [...]

---

[193] MELO, José Eduardo Soares de. A Desconsideração da Personalidade Jurídica no Código Civil e Reflexo no Direito Tributário. In: GRUPENMACHER, Betina Treiger (Coord.). **Direito Tributário e o Novo Código Civil.** São Paulo: Quartier Latin, 2004. p. 166.

DESCONSIDERAÇÃO DA PERSONALIDADE JURÍDICA

Resta examinar a desconsideração da personalidade jurídica (*propriamente dita*), *que seria feita pelo juiz*, para responsabilizar outra pessoa (o sócio), *sem apoio em prévia descrição legal de hipótese de responsabilização do terceiro*, à qual a situação concreta pudesse corresponder. Nessa formulação teórica da doutrina da desconsideração, não vemos possibilidade de sua aplicação em nosso direito tributário. Nas diversas situações em que o legislador levar a responsabilidade tributária além dos limites da pessoa jurídica, ele descreve as demais pessoas vinculadas ao cumprimento da obrigação tributária. Trata-se, ademais, de preceito do próprio Código Tributário Nacional, que, na definição do responsável tributário, exige *norma expressa de lei* (arts. 12, parágrafo único, II, e 128), o que, aliás, representa decorrência do *princípio da legalidade*. Sem expressa disposição de lei, que eleja terceiro como responsável em dadas hipóteses descritas pelo legislador, não é lícito ao aplicador da lei ignorar (ou desconsiderar) o sujeito passivo legalmente definido e imputar responsabilidade tributária a terceiro.[194]

De outro lado, parcela da doutrina entende que a desconsideração da personalidade jurídica se caracteriza como uma espécie de responsabilidade e que estaria compreendida nas hipóteses previstas nos artigos 134[195] e 135[196] do Código Tributário Nacional, por meio dos quais a personalidade jurídica seria superada para o alcance dos bens de sócios e administradores.

Neste sentido, esclarece Eduardo Domingos Bottallo:

> Em outras palavras, somente quando demonstrada, pelo Fisco, que a obrigação tributária a cargo da sociedade decorreu de alguma das causas apon-

---

[194] AMARO, Luciano. **Direito Tributário Brasileiro.** São Paulo: Saraiva, 2014. p. 266-267.
[195] Art. 134. Nos casos de impossibilidade de exigência do cumprimento da obrigação principal pelo contribuinte, respondem solidariamente com este nos atos em que intervierem ou pelas omissões de que forem responsáveis:
[...]
VII – os sócios, no caso de liquidação de sociedade de pessoas.
196 Art. 135. São pessoalmente responsáveis pelos créditos correspondentes a obrigações tributárias resultantes de atos praticados com excesso de poderes ou infração de lei, contrato social ou estatutos:
[...]
III – os diretores, gerentes ou representantes de pessoas jurídicas de direito privado.

tadas na lei civil (art. 50) é que o art. 135, III, do Código Tributário Nacional poderá validamente ser acionado.[197]

No mesmo sentido está o posicionamento de Aldemario Araújo Castro:

> Vislumbramos, *grosso modo*, nos limites temáticos deste trabalho, duas possibilidades: a) a pessoa física é o efetivo contribuinte, "protegido" por uma pessoa jurídica (com existência meramente formal) e b) a existência efetiva da pessoa jurídica com aproveitamento pontual de sua "proteção" por sócios ou administradores.
> Na primeira hipótese, a autoridade fiscal, autorizada expressamente pelo art. 142 do Código Tributário Nacional, identificará o sujeito passivo (contribuinte *strictu sensu*). A identificação do sujeito passivo, conforme prescrito no Código Tributário Nacional, significa encontrar aquele que realizou efetivamente o fato gerador. Se entre aquele que praticou o fato descrito em lei e a responsabilidade pelo tributo devido existe uma pessoa jurídica meramente formal, um anteparo, uma "proteção" do patrimônio individual, ela será afastada (ou desconsiderada).
> [...]
> Na segunda hipótese, nos casos em que a pessoa jurídica efetivamente existe (não é uma realidade meramente formal), a ilicitude, inclusive na forma de simulação, não se utiliza diretamente da pessoa jurídica. Um quadro fático desta natureza amolda-se, na seara tributária, ao disposto no art. 135 do Código Tributário Nacional. Com efeito, a constatação de infração à lei (ilicitude), praticada por administrador de pessoa jurídica em desfavor do Fisco, viabiliza a caracterização de responsabilidade tributária pessoal.
> Sustentamos que, nas duas hipóteses cogitadas, o direito tributário já manuseia a figura da "desconsideração da personalidade jurídica".[198]

---

[197] BOTTALLO, Eduardo Domingos. Alguns Reflexos do Código Civil no Direito Tributário. In: GRUPENMACHER, Betina Treiger (Coord.). **Direito Tributário e o Novo Código Civil**. São Paulo: Quartier Latin, 2004. p. 166.
[198] CASTRO, Aldemario Araujo. Aplicação no Direito Tributário da Desconsideração da Personalidade Jurídica Prevista no Código Civil. In: TORRES, Heleno Taveira. QUEIROZ, Mary Elbe (Coord.). **Desconsideração da Personalidade Jurídica em Matéria Tributária**. São Paulo: Quartier Latin, 2005. pp. 489-491.

Conforme o entendimento de Luís Claudio Ferreira Cantanhede, a responsabilização dos sócios por meio do redirecionamento da cobrança executiva se opera por meio da desconsideração da personalidade jurídica da empresa executada:

> Nesse contexto, retomando aquilo que foi tratado sobre a distinção entre obrigação e responsabilidade no âmbito teórico-geral (teoria dualista da obrigação) e aplicando as conclusões lá alcançadas ao contexto da desconsideração da personalidade jurídica, cabe afirmar que sua aplicação permite ao Estado-juiz responsabilizar os sócios e os administradores da sociedade, impondo-lhes a responsabilidade (no sentido teórico-geral) por uma obrigação que surgiu em face da sociedade e para a qual ela, a sociedade, continua responsável, estabelecendo, entre eles, no contexto processual, um litisconsórcio passivo ulterior.
>
> Em termos de dinâmica da obrigação tributária, pode-se afirmar que a obrigação tributária surge para a sociedade e, uma vez desconsiderada a sua personalidade jurídica no contexto da execução fiscal, o Estado-juiz redirecionará a cobrança executiva aos seus sócios/administradores, constituindo a norma de responsabilidade em face deles, incluindo-os no polo passivo do processo para sujeita-los à expropriação patrimonial visando ao adimplemento forçado da prestação que constitui objeto da obrigação tributária, termo consequente da norma em torno do qual giram as diversas normas de responsabilidade no sentido teórico-geral, e cujo inadimplemento impôs a incidência das normas responsabilizando o próprio obrigado e os terceiros.[199]

Contudo, destaca o referido autor que tal desconsideração não será necessária nos casos em que a responsabilidade decorrer de uma disposição legal, como no caso do encerramento irregular da sociedade, previsto no artigo 135, inciso III, do Código Tributário Nacional, quando não se verifica a existência de uma desconsideração da personalidade jurídica, mas uma hipótese de responsabilização de terceiros[200].

---

[199] CANTANHEDE, Luís Claudio Ferreira. O Redirecionamento da Execução Fiscal. In: CONRADO, Paulo Cesar. ARAÚJO, Juliana Furtado Costa. (coord.). **O Novo CPC e seu impacto no Direito Tributário.** São Paulo: Fiscosoft, 2015. pp. 62-63.

[200] CANTANHEDE, Luís Claudio Ferreira. O Redirecionamento da Execução Fiscal. In: CONRADO, Paulo Cesar. ARAÚJO, Juliana Furtado Costa. (coord.). **O Novo CPC e seu impacto no Direito Tributário.** São Paulo: Fiscosoft, 2015. pp. 63-67.

Destaca-se, ainda, a existência de parcela da doutrina que defende que a aplicação da desconsideração da personalidade jurídica decorreria da aplicação do parágrafo único do artigo 116 do Código Tributário Nacional:

> Art. 116. Salvo disposição de lei em contrário, considera-se ocorrido o fato gerador e existentes os seus efeitos:
> I – tratando-se de situação de fato, desde o momento em que o se verifiquem as circunstâncias materiais necessárias a que produza os efeitos que normalmente lhe são próprios;
> II – tratando-se de situação jurídica, desde o momento em que esteja definitivamente constituída, nos termos de direito aplicável.
> Parágrafo único. A autoridade administrativa poderá desconsiderar atos ou negócios jurídicos praticados com a finalidade de dissimular a ocorrência do fato gerador do tributo ou a natureza dos elementos constitutivos da obrigação tributária, observados os procedimentos a serem estabelecidos em lei ordinária.

Neste sentido, destaca-se o posicionamento de Arnoldo Wald e Luiza Rangel de Moraes:

> No âmbito do Direito Tributário, tem destaque a Lei Complementar nº 104/2001, que inseriu, no parágrafo único ao artigo 116 do Código Tributário Nacional, regra antielisão, autorizando a autoridade tributária a desconsiderar a forma e a estrutura do negócio jurídico, para alcançar a obrigação tributária geradora do tributo e o sujeito passivo tributário. No bojo de tal dispositivo, está abrangida a possibilidade de desconsideração da personalidade jurídica.[201]

Repassados os aspectos doutrinários atinentes à consideração da existência de hipóteses de desconsideração da personalidade jurídica no âmbito do Direito Tributário, impõe-se, superadas as divergências doutrinárias, a análise dos reflexos das hipóteses de responsabilização de

---

[201] WALD, Arnoldo. MORAES, Luiza Rangel. Desconsideração da Personalidade Jurídica e seus Efeitos Tributários. In: TORRES, Heleno Taveira. QUEIROZ, Mary Elbe (Coord.). Desconsideração da Personalidade Jurídica em Matéria Tributária. São Paulo: Quartier Latin, 2005. pp. 489-491.

sócios e administradores de pessoas jurídicas no âmbito da jurisprudência do Superior Tribunal de Justiça.

2.2. Do Posicionamento do Superior Tribunal de Justiça a Respeito da Responsabilidade Tributária de Sócios e Administradores

As hipóteses de responsabilização de sócios e administradores por débitos da pessoa jurídica, previstas no Código Tributário Nacional, dispõem de significativos reflexos no contencioso tributário, sendo objeto de um significante número de decisões judiciais. Tais julgados, ao aplicar o instituto e reconhecer a necessidade de superação da autonomia patrimonial da pessoa jurídica, com o fim de garantir o cumprimento de obrigações por seus sócios e administradores, acabam trançando os contornos práticos deste instituto e, por conseguinte, aclarando o sentido das normas legais que o preveem.

Sendo assim, é por meio da jurisprudência que as normas de responsabilidade de terceiros adquirem efetividade, afetando as relações jurídicas entre os diversos sujeitos de direito.

No Brasil, é inegável a importância desta matéria na jurisprudência dos Tribunais, os quais cotidianamente julgam a possibilidade de aplicação do instituto às relações público-privadas, no contexto do Direito Tributário.

Neste contexto, é fundamental que, para a correta compreensão do instituto da responsabilidade tributária de sócios e administradores, sejam estudadas as decisões judiciais que abordam tal tema.

Dentro do escopo do presente estudo, nos limitaremos à análise da jurisprudência sobre a matéria no contexto do Direito Tributário, mais especificamente no que toca à jurisprudência do Superior Tribunal de Justiça sobre o assunto, procurando destacar os entendimentos consolidados pela Corte Superior ao longo dos anos.

A responsabilidade tributária de sócios e administradores encontra na jurisprudência do STJ uma importante fonte para seu estudo no âmbito do Direito brasileiro, sendo esta Corte, em decorrência de sua competência, voltada à análise de questões decorrentes da legislação federal, a responsável pelas decisões que orientam as decisões dos demais Tribunais brasileiros (estaduais e federais).

Cabe ressaltar ainda, antes de adentrarmos a análise dos julgados do STJ, que, em decorrência das alterações promovidas pelo Novo Código de Processo Civil, que deram maior importância ao sistema de precedentes judiciais, os acórdãos adiante analisados possuem vital importância na compreensão e aplicabilidade da desconsideração da personalidade jurídica aos casos concretos.

Repassadas tais considerações, passemos, então, à análise dos julgados do STJ sobre as hipóteses de responsabilização de sócios e administradores, anteriormente à vigência do Novo Código de Processo Civil.

Dentre os entendimentos consolidados por aquela Corte, destaca-se o manifestado por meio da Súmula nº 435, segundo o qual *"Presume-se dissolvida irregularmente a empresa que deixar de funcionar no seu domicílio fiscal, sem comunicação aos órgãos competentes, legitimando o redirecionamento da execução fiscal para o sócio-gerente"*[202].

A dissolução irregular constitui uma das justificativas possíveis para que seja redirecionada a cobrança do débito fiscal, por aplicação do artigo 135 do Código Tributário Nacional. Assim, ante a aplicação da Súmula 435, acaso o contribuinte não seja localizado em seu domicílio fiscal, caberá o redirecionamento da execução fiscal contra o sócio-gerente.

Tal responsabilidade somente poderá ser afastada com a prova da inexistência da dissolução da empresa, a qual deverá ser realizada pela pessoa jurídica e pelos sócios/administradores responsabilizados, no bojo do processo judicial.

Importa, também, serem analisados os posicionamentos adotados pela Primeira Seção do STJ quando da análise das hipóteses de responsabilidade de sócios e administradores no âmbito do Direito Tributário. A Primeira Seção é o órgão do STJ que reúne as duas Turmas responsáveis pela matéria tributária, sendo responsável pela uniformização da jurisprudência da Corte em matéria tributária.

De significativa importância o posicionamento adotado pela Primeira Seção no julgamento do Recurso Especial nº 702.232/RS, cuja ementa segue destacada:

TRIBUTÁRIO. EMBARGOS DE DIVERGÊNCIA. ART. 135 DO CTN. RESPONSABILIDADE DO SÓCIO-GERENTE. EXECUÇÃO FUNDADA

---

[202] Brasil. Superior Tribunal de Justiça. Súmula 435. Brasília, 13 maio 2010. **Diário de Justiça Eletrônico**, Brasília, 13 maio 2010. Disponível em: <http://www.stj.jus.br/docs_internet/SumulasSTJ.pdf>. Acesso em 25/06/2018.

EM CDA QUE INDICA O NOME DO SÓCIO. REDIRECIONAMENTO. DISTINÇÃO.
1. Iniciada a execução contra a pessoa jurídica e, posteriormente, redirecionada contra o sócio-gerente, que não constava da CDA, cabe ao Fisco demonstrar a presença de um dos requisitos do art. 135 do CTN. Se a Fazenda Pública, ao propor a ação, não visualizava qualquer fato capaz de estender a responsabilidade ao sócio-gerente e, posteriormente, pretende voltar-se também contra o seu patrimônio, deverá demonstrar infração à lei, ao contrato social ou aos estatutos ou, ainda, dissolução irregular da sociedade.
2. Se a execução foi proposta contra a pessoa jurídica e contra o sócio--gerente, a este compete o ônus da prova, já que a CDA goza de presunção relativa de liquidez e certeza, nos termos do art. 204 do CTN c/c o art. 3º da Lei nº 6.830/80.
3. Caso a execução tenha sido proposta somente contra a pessoa jurídica e havendo indicação do nome do sócio-gerente na CDA como co-responsável tributário, não se trata de típico redirecionamento.
Neste caso, o ônus da prova compete igualmente ao sócio, tendo em vista a presunção relativa de liquidez e certeza que milita em favor da Certidão de Dívida Ativa.
4. Na hipótese, a execução foi proposta com base em CDA da qual constava o nome do sócio-gerente como co-responsável tributário, do que se conclui caber a ele o ônus de provar a ausência dos requisitos do art. 135 do CTN.
5. Embargos de divergência providos.[203]

Neste julgado, restou assentado o entendimento da Corte quanto ao ônus da prova no caso da responsabilização de sócios e administradores.

Segundo tal entendimento, em muito aplicado até a vigência do Novo Código de Processo Civil, quando o nome do sócio consta da Certidão de Dívida Ativa ("CDA"), caberá ao próprio sócio o ônus probatório de que não restou caracterizada nenhuma das circunstâncias ensejadoras de sua responsabilização. De outra parte, quando o nome dos sócios responsáveis não fora incluído na CDA, caberá à Fazenda o

---

[203] BRASIL. Superior Tribunal de Justiça. Embargos de Divergência no Recurso Especial nº 702.232/RS. Rel. Ministro Castro Meira. Brasília, 14 set. 2005. Diário de Justiça, Brasília, p. 169, 26 set. 2005. Disponível em: <https://ww2.stj.jus.br/processo/revista/inteiroteor/?num_registro=200500888180&dt_publicacao=26/09/2005>. Acesso em 25/06/2018.

ônus da prova da existência de motivação para o redirecionamento da execução fiscal.

Cabendo, pois, ao próprio sócio responsabilizado o ônus da prova da improcedência de sua responsabilização pelo débito da pessoa jurídica, cabe analisar-se qual o meio processual adequado para tal defesa. Neste sentido, a jurisprudência da Primeira Seção, em acórdão que julgou o Recurso Especial nº 1104900/ES, proferido por meio do regime de repercussão geral, sedimentou o entendimento de que tal defesa somente poderá se dar por meio da exceção de pré-executividade quando desnecessária a dilação probatória para a comprovação de tal circunstância. Caso necessária a formulação de provas no bojo processual, necessária a utilização da via dos embargos à execução, conforme demonstra a ementa abaixo transcrita:

> PROCESSUAL CIVIL. RECURSO ESPECIAL SUBMETIDO À SISTEMÁTICA PREVISTA NO ART. 543-C DO CPC. EXECUÇÃO FISCAL. INCLUSÃO DOS REPRESENTANTES DA PESSOA JURÍDICA, CUJOS NOMES CONSTAM DA CDA, NO PÓLO PASSIVO DA EXECUÇÃO FISCAL. POSSIBILIDADE. MATÉRIA DE DEFESA. NECESSIDADE DE DILAÇÃO PROBATÓRIA. EXCEÇÃO DE PRÉ-EXECUTIVIDADE. INVIABILIDADE. RECURSO ESPECIAL DESPROVIDO.
> 1. A orientação da Primeira Seção desta Corte firmou-se no sentido de que, se a execução foi ajuizada apenas contra a pessoa jurídica, mas o nome do sócio consta da CDA, a ele incumbe o ônus da prova de que não ficou caracterizada nenhuma das circunstâncias previstas no art. 135 do CTN, ou seja, não houve a prática de atos "com excesso de poderes ou infração de lei, contrato social ou estatutos".
> 2. Por outro lado, é certo que, malgrado serem os embargos à execução o meio de defesa próprio da execução fiscal, a orientação desta Corte firmou-se no sentido de admitir a exceção de pré-executividade nas situações em que não se faz necessária dilação probatória ou em que as questões possam ser conhecidas de ofício pelo magistrado, como as condições da ação, os pressupostos processuais, a decadência, a prescrição, entre outras.
> 3. Contudo, no caso concreto, como bem observado pelas instâncias ordinárias, o exame da responsabilidade dos representantes da empresa executada requer dilação probatória, razão pela qual a matéria de defesa deve ser aduzida na via própria (embargos à execução), e não por meio do incidente em comento.

4. Recurso especial desprovido. Acórdão sujeito à sistemática prevista no art. 543-C do CPC, c/c a Resolução 8/2008 – Presidência/STJ.[204]

Neste sentido, nas circunstâncias em que verificada a necessidade de dilação probatória, era exigido que o sócio responsabilizado garantisse a integralidade do débito executado para, então, ser viável a sua defesa no bojo processual.

Tal circunstância impunha um ônus excessivamente alto aos sócios responsabilizados, que muitas vezes eram incluídos arbitrariamente no polo passivo de execuções fiscais, sujeitando-se a inúmeras restrições patrimoniais para que pudessem defender-se. Esta realidade é combatida pelo Novo Código de Processo Civil por meio do incidente de desconsideração da personalidade jurídica, como será adiante demonstrado.

Outro relevante entendimento da Primeira Seção do STJ, conforme se pode extrair do acórdão que julgou o Recurso Especial nº 1101728/SP, é no sentido de que a falta de pagamento de tributo não constitui, por si só, motivação para o redirecionamento da execução à pessoa de seus sócios. Reconhece o STJ, por meio de tal precedente, a necessidade de que sejam verificadas a hipótese prevista no *caput* do artigo 135 do Código Tributário Nacional, qual seja, a prática de atos com excesso de poderes ou infração de lei, contrato social ou estatutos:

TRIBUTÁRIO. RECURSO ESPECIAL. EXECUÇÃO FISCAL. TRIBUTO DECLARADO PELO CONTRIBUINTE. CONSTITUIÇÃO DO CRÉDITO TRIBUTÁRIO. PROCEDIMENTO ADMINISTRATIVO. DISPENSA. RESPONSABILIDADE DO SÓCIO. TRIBUTO NÃO PAGO PELA SOCIEDADE.

1. A jurisprudência desta Corte, reafirmada pela Seção inclusive em julgamento pelo regime do art. 543-C do CPC, é no sentido de que "a apresentação de Declaração de Débitos e Créditos Tributários Federais – DCTF, de Guia de Informação e Apuração do ICMS – GIA, ou de outra declaração

---

[204] BRASIL. Superior Tribunal de Justiça. Recurso Especial nº 1104900/ES. Relatora Min. Denise Arruda. Brasília, 25 mar. 2009. Diário de Justiça Eletrônico, Brasília, RSSTJ, vol. 36, p. 418, 01 abr. 2009. Disponível em: <http://www.stj.jus.br/SCON/jurisprudencia/toc.jsp?processo=1104900&repetitivos=REPETITIVOS&&b=ACOR&thesaurus=JURIDICO&p=true>. Acesso em 25/06/2018.

dessa natureza, prevista em lei, é modo de constituição do crédito tributário, dispensando, para isso, qualquer outra providência por parte do Fisco" (REsp 962.379, 1ª Seção, DJ de 28.10.08).
2. É igualmente pacífica a jurisprudência do STJ no sentido de que a simples falta de pagamento do tributo não configura, por si só, nem em tese, circunstância que acarreta a responsabilidade subsidiária do sócio, prevista no art. 135 do CTN. É indispensável, para tanto, que tenha agido com excesso de poderes ou infração à lei, ao contrato social ou ao estatuto da empresa (EREsp 374.139/RS, 1ª Seção, DJ de 28.02.2005).
3. Recurso especial parcialmente conhecido e, nessa parte, parcialmente provido. Acórdão sujeito ao regime do art. 543-C do CPC e da Resolução STJ 08/08.[205]

Também de fundamental importância o entendimento da Primeira Seção segundo o qual se aplicam os requisitos para a responsabilização de sócios e administradores também à execução fiscal de dívida ativa não-tributária:

PROCESSUAL CIVIL. TRIBUTÁRIO. RECURSO ESPECIAL REPRESENTATIVO DA CONTROVÉRSIA. ART. 543-C, DO CPC. REDIRECIONAMENTO DE EXECUÇÃO FISCAL DE DÍVIDA ATIVA NÃO-TRIBUTÁRIA EM VIRTUDE DE DISSOLUÇÃO IRREGULAR DE PESSOA JURÍDICA. POSSIBILIDADE. ART. 10, DO DECRETO N. 3.078/19 E ART. 158, DA LEI N. 6.404/78 – LSA C/C ART. 4º, V, DA LEI N. 6.830/80 – LEF.
1. A mera afirmação da Defensoria Pública da União – DPU de atuar em vários processos que tratam do mesmo tema versado no recurso representativo da controvérsia a ser julgado não é suficiente para caracterizar-lhe a condição de amicus curiae. Precedente: REsp. 1.333.977/MT, Segunda Seção, Rel. Min. Isabel Gallotti, julgado em 26.02.2014.
2. Consoante a Súmula n. 435/STJ: "Presume-se dissolvida irregularmente a empresa que deixar de funcionar no seu domicílio fiscal, sem comunicação aos órgãos competentes, legitimando o redirecionamento da execução fiscal para o sócio-gerente".

[205] BRASIL. Superior Tribunal de Justiça. Recurso Especial nº 1101728/SP. Relator Min. Teori Albino Zavascki. Brasília, 11 mar. 2009. Diário de Justiça, Brasília, 23 mar. 2009. Disponível em: <http://www.stj.jus.br/SCON/jurisprudencia/toc.jsp?processo=1101728&repetitivos=R EPETITIVOS&&b=ACOR&thesaurus=JURIDICO&p=true>. Acesso em 25/06/2018

3. É obrigação dos gestores das empresas manter atualizados os respectivos cadastros, incluindo os atos relativos à mudança de endereço dos estabelecimentos e, especialmente, referentes à dissolução da sociedade. A regularidade desses registros é exigida para que se demonstre que a sociedade dissolveu-se de forma regular, em obediência aos ritos e formalidades previstas nos arts. 1.033 à 1.038 e arts. 1.102 a 1.112, todos do Código Civil de 2002 – onde é prevista a liquidação da sociedade com o pagamento dos credores em sua ordem de preferência – ou na forma da Lei n. 11.101/2005, no caso de falência. A desobediência a tais ritos caracteriza infração à lei.

4. Não há como compreender que o mesmo fato jurídico "dissolução irregular" seja considerado ilícito suficiente ao redirecionamento da execução fiscal de débito tributário e não o seja para a execução fiscal de débito não-tributário. "Ubi eadem ratio ibi eadem legis dispositio". O suporte dado pelo art. 135, III, do CTN, no âmbito tributário é dado pelo art. 10, do Decreto n. 3.078/19 e art. 158, da Lei n. 6.404/78 – LSA no âmbito não-tributário, não havendo, em nenhum dos casos, a exigência de dolo.

5. Precedentes: REsp. n. 697108/MG, Primeira Turma, Rel. Min. Teori Albino Zavascki, julgado em 28.04.2009; REsp. n. 657935/RS, Primeira Turma, Rel. Min. Teori Albino Zavascki, julgado em 12.09.2006; AgRg no AREsp 8.509/SC, Rel. Min. Humberto Martins, Segunda Turma, DJe 4.10.2011; REsp 1272021/RS, Segunda Turma, Rel. Min. Mauro Campbell Marques, julgado em 07.02.2012; REsp 1259066/SP, Terceira Turma, Rel. Min. Nancy Andrighi, DJe 28/06/2012; REsp. nº 1.348.449 – RS, Quarta Turma, Rel. Min. Luis Felipe Salomão, julgado em 11.04.2013; AgRg no AG nº 668.190 – SP, Terceira Turma, Rel. Min. Ricardo Villas Bôas Cueva, julgado em 13.09.2011; REsp. nº 586.222 – SP, Quarta Turma, Rel. Min. Luis Felipe Salomão, julgado em 23.11.2010; REsp 140564/SP, Quarta Turma, Rel. Min. Barros Monteiro, julgado em 21.10.2004.

6. Caso em que, conforme o certificado pelo oficial de justiça, a pessoa jurídica executada está desativada desde 2004, não restando bens a serem penhorados. Ou seja, além do encerramento irregular das atividades da pessoa jurídica, não houve a reserva de bens suficientes para o pagamento dos credores.

7. Recurso especial provido. Acórdão submetido ao regime do art. 543-C do CPC e da Resolução STJ 08/2008.[206]

---

[206] BRASIL. Superior Tribunal de Justiça. Recurso Especial nº 1371128/RS. Relator Min. Mauro Campbell Marques. Brasília, 10 set. 2014. Diário de Justiça Eletrônico, Brasília, 17 set.

Repassados os principais posicionamentos da Primeira Seção sobre a desconsideração da personalidade jurídica e os requisitos para sua aplicabilidade, passemos à análise da jurisprudência das duas Turmas que compõem tal Seção, Primeira e Segunda Turmas, as quais são competentes para o julgamento de casos em matéria Tributária no âmbito do STJ.

Importantes precedentes do STJ a respeito da matéria são aqueles que definem que o simples encerramento das atividades ou a dissolução irregulares da sociedade não são suficientes para o redirecionamento da execução fiscal. Deverá, portanto, haver comprovação do desvio de finalidade ou da confusão patrimonial ensejadores da responsabilização do sócio.

Este entendimento visa melhor interpretar o enunciado da Súmula 435, acima destacado, para o fim de limitar sua aplicabilidade. As decisões que aplicam tal entendimento são variadas, sendo aplicado tanto pela Primeira quanto pela Segunda Turmas:

> AGRAVO REGIMENTAL NO AGRAVO EM RECURSO ESPECIAL. TRIBUTÁRIO. REDIRECIONAMENTO DA EXECUÇÃO CONTRA O SÓCIO. INFRAÇÃO AO ART. 135 DO CTN NÃO COMPROVADA. DESCONSIDERAÇÃO DA PERSONALIDADE JURÍDICA. FALTA DE PRESSUPOSTOS. RECURSO REPRESENTATIVO DE CONTROVÉRSIA: RESP. 1.101.728/SP, REL. MIN. TEORI ALBINO ZAVASCKI (DJe 23.03.2009). AUSÊNCIA DE COMPROVAÇÃO BASTANTE DE DISSOLUÇÃO IRREGULAR DA SOCIEDADE. CERTIFICAÇÃO DO OFICIAL DE JUSTIÇA DE QUE A EMPRESA NÃO FUNCIONA NO LOCAL INDICADO NOS REGISTROS FISCAIS QUE, À MINGUA DE OUTROS ELEMENTOS INDICIÁRIOS, É INSUFICIENTE PARA O PRONTO REDIRECIONAMENTO DA EXECUÇÃO FISCAL CONTRA OS GESTORES. INADMISSIBILIDADE DA INVERSÃO DO ÔNUS PROBATÓRIO. SÚMULA 7/STJ. AGRAVO REGIMENTAL DO ESTADO DE GOIÁS DESPROVIDO.
> 1. A Súmula 435 do STJ diz que se presume dissolvida irregularmente a empresa que deixar de funcionar no seu domicílio fiscal, sem comunicação aos

2014. Disponível em: <http://www.stj.jus.br/SCON/jurisprudencia/toc.jsp?processo=1371128&repetitivos=REPETITIVOS&&b=ACOR&thesaurus=JURIDICO&p=true>. Acesso em 25/06/2018.

órgãos competentes, legitimando o redirecionamento da execução fiscal contra o sócio-gerente; todavia, a inteligência que se deve ter desse enunciado é de que a não localização da empresa no endereço fiscal é indício de sua dissolução irregular, mas, por si só e independente de qualquer outro elemento, é insuficiente para o pronto redirecionamento da execução fiscal, que depende de prévia apuração das razões pelas quais tal fato ocorreu, bem como da comprovação do elemento subjetivo na conduta ilícita do sócio.

2. Como a declaração de dissolução irregular importa no reconhecimento de uma infração, é inadmissível essa conclusão sem prévio procedimento de sua apuração. A prova do ato infracional compete a quem alega a sua ocorrência, no caso, ao credor (Fazenda Pública) que requer o redirecionamento. A inversão do ônus probandi só deve ser feita nos casos em que a lei a admite expressamente e, ainda assim, em hipóteses excepcionais.

3. Esta Corte Superior por ocasião do julgamento do REsp. 1.101.728/SP, representativo de controvérsia, da relatoria do Ministro TEORI ZAVASCKI (DJe 23.03.2009), firmou o entendimento de que o redirecionamento da execução fiscal contra o sócio-gerente da empresa somente é cabível quando comprovado que ele agiu com excesso de poderes, infração à lei ou ao estatuto, ou na hipótese de dissolução irregular da sociedade. Na hipótese, rever o entendimento perfilhado pelo acórdão recorrido esbarra no óbice da Súmula 7/STJ.

4. Agravo Regimental do Estado de Goiás desprovido.[207]

ADMINISTRATIVO. DESCONSIDERAÇÃO DA PERSONALIDADE JURÍDICA. REQUISITOS. ENCERRAMENTO DAS ATIVIDADES OU DISSOLUÇÃO IRREGULARES DA SOCIEDADE. INSUFICIÊNCIA. DESVIO DE FINALIDADE OU CONFUSÃO PATRIMONIAL. NECESSIDADE DE COMPROVAÇÃO.

1. A jurisprudência do STJ firmou o entendimento de que a desconsideração da personalidade jurídica prevista no artigo 50 do Código Civil

---

[207] BRASIL. Superior Tribunal de Justiça. Agravo Regimental no Agravo em Recurso Especial nº 16.808/GO. Rel. Ministro Napoleão Nunes Maia Filho. Brasília, 19 fev. 2013. Diário de Justiça Eletrônico, Brasília, 28 fev. 2013. Disponível em: <https://ww2.stj.jus.br/processo/revista/inteiroteor/?num_registro=201100748437&dt_publicacao=28/02/2013>. Acesso em 25/06/2018.

trata-se de regra de exceção, de restrição ao princípio da autonomia patrimonial da pessoa jurídica. Assim, a interpretação que melhor se coaduna com esse dispositivo legal é a que relega sua aplicação a casos extremos, em que a pessoa jurídica tenha sido instrumento para fins fraudulentos, configurado mediante o desvio da finalidade institucional ou a confusão patrimonial.

2. Dessa forma, o encerramento das atividades ou dissolução, ainda que irregulares, da sociedade não são causas, por si só, para a desconsideração da personalidade jurídica, nos termos do artigo 50 do Código Civil. Precedentes.

3. Agravo regimental não provido.[208]

PROCESSUAL CIVIL. AGRAVO REGIMENTAL NO RECURSO ESPECIAL. CUMPRIMENTO DE SENTENÇA. ARTIGO 50, DO CC. DESCONSIDERAÇÃO DA PERSONALIDADE JURÍDICA. REQUISITOS. ENCERRAMENTO DAS ATIVIDADES OU DISSOLUÇÃO IRREGULARES DA SOCIEDADE. INSUFICIÊNCIA. DESVIO DE FINALIDADE OU CONFUSÃO PATRIMONIAL. NECESSIDADE DE COMPROVAÇÃO. QUESTÃO ATRELADA AO REEXAME DE MATÉRIA FÁTICA. ÓBICE DA SÚMULA 7/STJ. AGRAVO REGIMENTAL NÃO PROVIDO.

1. A jurisprudência do STJ firmou o entendimento de que a desconsideração da personalidade jurídica prevista no artigo 50 do Código Civil trata-se de regra de exceção, de restrição ao princípio da autonomia patrimonial da pessoa jurídica. Assim, a interpretação que melhor se coaduna com esse dispositivo legal é a que relega sua aplicação a casos extremos, em que a pessoa jurídica tenha sido instrumento para fins fraudulentos, configurado mediante o desvio da finalidade institucional ou a confusão patrimonial.

2. Dessa forma, o encerramento das atividades ou dissolução, ainda que irregulares, da sociedade não são causas, por si só, para a desconsideração da personalidade jurídica, nos termos do artigo 50 do Código Civil. Precedentes.

---

[208] (BRASIL. Superior Tribunal de Justiça. Agravo Regimental no Agravo em Recurso Especial nº 794.237/SP. Relator Min. Mauro Campbell Marques. Brasília, 15 mar. 2016. Diário de Justiça Eletrônico, Brasília, 22 mar. 2016. Disponível em: <http://www.stj.jus.br/SCON/jurisprudencia/toc.jsp?processo=794237&&b=ACOR&thesaurus=JURIDICO&p=true>. Acesso em 25/06/2018.)

3. O reexame de matéria de prova é inviável em sede de recurso especial (Súmula 7/STJ).
4. Agravo regimental não provido.[209]

Outro relevante entendimento do STJ é aquele que diz quanto aos requisitos de responsabilização de sócios por meio das hipóteses estabelecidas pelo artigo 135 do Código Tributário Nacional. Neste sentido, tem-se que este artigo prevê que serão responsáveis pelos débitos da pessoa jurídica os seus diretores, gerentes ou representantes que tenham agido com excesso de poderes ou infração à lei, contrato social ou estatutos.

Cabe o questionamento sobre como deverá ser aventada tal responsabilização no âmbito dos débitos tributários e se o sócio administrador responderá indistintamente pelos débitos da sociedade ou se esta responsabilidade estará limitada ao período em que este possua poderes de gestão.

Neste sentido, é entendimento do STJ que somente poderá ser responsabilizado o sócio que possua poderes na época do fato gerador dos tributos executados, sendo, portanto, limitada a este período a sua responsabilidade:

PROCESSUAL CIVIL E TRIBUTÁRIO. EXECUÇÃO FISCAL. REDIRECIONAMENTO PARA SÓCIOS-GERENTES. SÓCIO QUE NÃO INTEGRAVA A GERÊNCIA DA SOCIEDADE À ÉPOCA DO FATO GERADOR. DISSOLUÇÃO IRREGULAR DA EMPRESA. POSSIBILIDADE.
1. Discute-se a possibilidade de redirecionamento da execução fiscal para os sócios-gerentes no caso de dissolução irregular da empresa.
2. O redirecionamento da execução fiscal para o sócio-gerente da empresa é cabível apenas quando demonstrado que este agiu com excesso de poderes, infração à lei ou ao estatuto, ou, no caso de dissolução irregular da empresa, não se incluindo o simples inadimplemento de obrigações tributárias.

---

[209] BRASIL. Superior Tribunal de Justiça. Agravo Regimental no Recurso Especial nº 1500103/SC. Relator Min. Mauro Campbell Marques. Brasília, 07 abr. 2015. Diário de Justiça Eletrônico, Brasília, 14 abr. 2015. Disponível em: <http://www.stj.jus.br/SCON/jurisprudencia/toc.jsp?processo=1500103&&b=ACOR&thesaurus=JURIDICO&p=true>. Acesso em 25/06/2018.

3. Se o motivo da responsabilidade tributária é a infração à lei consubstanciada pela dissolução irregular da empresa (art. 135, III, do CTN), é irrelevante para efeito de redirecionamento da execução fiscal ao sócio-gerente ou ao administrador o fato de ele não integrar a sociedade por ocasião do fato gerador do crédito tributário. Embargos de declaração acolhidos, com efeitos infringentes, a fim de dar provimento ao agravo regimental da Fazenda Nacional para declarar que, para efeito de redirecionamento da Execução Fiscal ao sócio-gerente ou ao administrador, é irrelevante o fato de ele não integrar a sociedade por ocasião do fato gerador do crédito tributário.[210]

Isto porque, decorrendo a responsabilidade do sócio da prática de atos com excesso de poderes ou infração à lei, contrato social ou estatutos, impossível que esta seja verificada sem a presença de poderes de gerência que permitam ao sócio a prática de tais infrações.

Tal entendimento possui significativa importância na defesa de sócios responsabilizados no bojo de execuções fiscais, eis que, inúmeras vezes, as autoridades fiscais acabam por requerer a inclusão de sócios que não possuíam poderes de gestão à época dos fatos geradores no polo passivo das execuções.

Sendo assim, provada a inexistência de poderes de gestão à época dos fatos geradores, não há que se falar em responsabilização do sócio pelos débitos fiscais da pessoa jurídica. Garante-se, assim, a coerência do instituto da desconsideração da personalidade jurídica com as hipóteses de responsabilização previstas no artigo 135 do Código Tributário Nacional, evitando-se excessos na responsabilização de sócios que não tinham poderes à época do surgimento dos débitos tributários executados.

É de relevante destaque o posicionamento do STJ quanto à desconsideração da personalidade jurídica no âmbito dos grupos empresariais. Sendo assim, reconhece o STJ que a existência de estruturas empresariais meramente formais, com o intuito de afastar o cumprimento de obrigações tributárias não obsta a cobrança destes, devendo ser descon-

---

[210] BRASIL. Superior Tribunal de Justiça. Embargos de Declaração no Agravo Regimental no Recurso Especial nº 1465280/SP. Relator Min. Humberto Martins. Brasília, 03 mar. 2016. Diário de Justiça Eletrônico, Brasília, 11 mar. 2016. Disponível em: <https://ww2.stj.jus.br/processo/revista/inteiroteor/?num_registro=201401486777&dt_publicacao=11/03/2016>. Acesso em 25/06/2018.

sideradas as estruturas societárias para alcançar o patrimônio do grupo empresarial e, assim, garantir-se o pagamento do débito existente:

PROCESSUAL CIVIL. AUSÊNCIA DE OMISSÃO, OBSCURIDADE, CONTRADIÇÃO OU FALTA DE MOTIVAÇÃO NO ACÓRDÃO A QUO. EXECUÇÃO FISCAL. ALIENAÇÃO DE IMÓVEL. DESCONSIDERAÇÃO DA PESSOA JURÍDICA. GRUPO DE SOCIEDADES COM ESTRUTURA MERAMENTE FORMAL. PRECEDENTE.

1. Recurso especial contra acórdão que manteve decisão que, desconsiderando a personalidade jurídica da recorrente, deferiu o arresto do valor obtido com a alienação de imóvel.

2. Argumentos da decisão a quo que são claros e nítidos, sem haver omissões, obscuridades, contradições ou ausência de fundamentação. O não-acatamento das teses contidas no recurso não implica cerceamento de defesa. Ao julgador cabe apreciar a questão de acordo com o que entender atinente à lide. Não está obrigado a julgar a questão conforme o pleiteado pelas partes, mas sim com o seu livre convencimento (art. 131 do CPC), utilizando-se dos fatos, provas, jurisprudência, aspectos pertinentes ao tema e da legislação que entender aplicável ao caso. Não obstante a oposição de embargos declaratórios, não são eles mero expediente para forçar o ingresso na instância especial, se não há omissão a ser suprida. Inexiste ofensa ao art. 535 do CPC quando a matéria enfocada é devidamente abordada no aresto a quo.

3. "A desconsideração da pessoa jurídica, mesmo no caso de grupo econômicos, deve ser reconhecida em situações excepcionais, onde se visualiza a confusão de patrimônio, fraudes, abuso de direito e má-fé com prejuízo a credores. No caso sub judice, impedir a desconsideração da personalidade jurídica da agravante implicaria em possível fraude aos credores. Separação societária, de índole apenas formal, legitima a irradiação dos efeitos ao patrimônio da agravante com vistas a garantir a execução fiscal da empresa que se encontra sob o controle de mesmo grupo econômico" (Acórdão a quo).

4. "Pertencendo a falida a grupo de sociedades sob o mesmo controle e com estrutura meramente formal, o que ocorre quando diversas pessoas jurídicas do grupo exercem suas atividades sob unidade gerencial, laboral e patrimonial, é legítima a desconsideração da personalidade jurídica da falida para que os efeitos do decreto falencial alcancem as demais sociedades do grupo. Impedir a desconsideração da personalidade jurídica nesta hipótese

implicaria prestigiar a fraude à lei ou contra credores. A aplicação da teoria da desconsideração da personalidade jurídica dispensa a propositura de ação autônoma para tal. Verificados os pressupostos de sua incidência, poderá o Juiz, incidentemente no próprio processo de execução (singular ou coletiva), levantar o véu da personalidade jurídica para que o ato de expropriação atinja terceiros envolvidos, de forma a impedir a concretização de fraude à lei ou contra terceiros" (RMS nº 12872/SP, Relª Minª Nancy Andrighi, 3ª Turma, DJ de 16/12/2002).
5. Recurso não-provido.[211]

Também relevante o posicionamento da Corte Superior no sentido de que a pessoa jurídica carece de interesse processual para defesa em face do redirecionamento da execução à pessoa dos sócios.

Por meio de tal entendimento, o STJ reconhece que, tendo em vista que a responsabilização dos sócios decorre de um ato ilegal do sócio responsabilizado, a desconsideração da personalidade jurídica para que este seja responsabilizado vem em benefício da pessoa jurídica. Não há, pois, interesse processual a pessoa jurídica recorra da decisão que reconheceu a responsabilidade do sócio, eis que esta visa, ao fim, resguardar seu patrimônio afetado pelos atos praticados com excesso de poderes ou infração à lei, contrato social ou estatuto pelo sócio responsabilizado pelo débito.

Assim, entende o STJ que deve a defesa, no bojo do processo, ser realizada diretamente na pessoa dos sócios e não por intermédio da pessoa jurídica:

PROCESSUAL CIVIL. AGRAVO REGIMENTAL. DESCONSIDERAÇÃO DA PERSONALIDADE JURÍDICA. DECISÃO QUE ATINGE A ESFERA JURÍDICA DOS SÓCIOS. INTERESSE E LEGITIMIDADE RECURSAIS DA PESSOA JURÍDICA. AUSÊNCIA.
1. De plano, constata-se que a única questão decidida pelo Tribunal a quo diz respeito ao interesse recursal da pessoa jurídica para se insurgir contra decisão que incluiu os sócios no polo passivo da relação processual, em decorrência da desconsideração da personalidade jurídica. Portanto, não se

---

[211] BRASIL. Superior Tribunal de Justiça. Recurso Especial nº 767.021/RJ. Relator Min. José Delgado. Brasília, 16 ago. 2005. Diário de Justiça, Brasília, p. 258, 12 set. 2005. Disponível em: <https://ww2.stj.jus.br/processo/revista/inteiroteor/?num_registro=200501171187&dt_publicacao=12/09/2005>. Acesso em 25/06/2018.)

pode conhecer da matéria atinente à alegada ausência de dissolução irregular, sob pena de ofensa às Súmulas 7 e 211/STJ.
2. As razões recursais sugerem equivocada compreensão da teoria da desconsideração da personalidade jurídica por parte da recorrente. Essa formulação teórica tem a função de resguardar os contornos do instituto da autonomia patrimonial, coibindo seu desvirtuamento em prejuízo de terceiros.
3. Em regra, a desconsideração da personalidade jurídica é motivada pelo uso fraudulento ou abusivo da autonomia patrimonial da pessoa jurídica. E essa manipulação indevida é realizada por pessoas físicas, a quem é imputado o ilícito. Por meio desse mecanismo de criação doutrinária, o juiz, no caso concreto, pode desconsiderar a autonomia patrimonial e estender os efeitos de determinadas obrigações aos responsáveis pelo uso abusivo da sociedade empresária.
4. A desconsideração da personalidade jurídica da sociedade opera no plano da eficácia, permitindo que se levante o manto protetivo da autonomia patrimonial para que os bens dos sócios e/ou administradores sejam alcançados. Nesse sentido, elucidativos precedentes das Turmas da Seção de Direito Privado do STJ: REsp 1.169.175/DF, Rel. Ministro Massami Uyeda, Terceira Turma, DJe 4.4.2011; REsp 1.141.447/SP, Rel. Ministro Sidnei Beneti, Terceira Turma, DJe 5.4.2011; RMS 25.251/SP, Rel. Ministro Luis Felipe Salomão, Quarta Turma, DJe 3.5.2010).
5. A decisão jurisdicional que aplica a aludida teoria importa prejuízo às pessoas físicas afetadas pelos efeitos das obrigações contraídas pela pessoa jurídica. A rigor, ela resguarda interesses de credores e da própria sociedade empresária indevidamente manipulada. Por isso, o Enunciado 285 da IV Jornada de Direito Civil descreve que "A teoria da desconsideração, prevista no art. 50 do Código Civil, pode ser invocada pela pessoa jurídica em seu favor".
6. A ideia de prejuízo e a necessidade de obter provimento mais benéfico são fundamentais para a caracterização do interesse recursal (Barbosa Moreira, Comentário ao Código de Processo Civil, vol. V, 14ª ed., Rio de Janeiro, Forense, 2008, p. 299). Segundo o art. 499 do CPC, o recurso pode ser interposto pela parte vencida, pelo terceiro prejudicado e pelo Ministério Público.
7. Desse modo, não há como reconhecer interesse à pessoa jurídica para impugnar decisão que atinge a esfera jurídica de terceiros, o que, em tese,

pode preservar o patrimônio da sociedade ou minorar sua diminuição; afinal, mais pessoas estariam respondendo pela dívida contra ela cobrada originalmente.

8. Em casos análogos, a jurisprudência do STJ tem afirmado que a pessoa jurídica não possui legitimidade nem interesse recursal para questionar decisão que, sob o fundamento de ter ocorrido dissolução irregular, determina a responsabilização dos sócios (EDcl no AREsp 14.308/MG, Rel. Ministro Humberto Martins, Segunda Turma, DJe 27.10.2011; REsp 932.675/SP, Rel. Ministro Castro Meira, Segunda Turma, DJ 27.8.2007, p. 215; REsp 793.772/RS, Rel. Ministro Teori Albino Zavascki, Primeira Turma, DJe 11.2.2009).

9. Agravo Regimental não provido.[212]

Também cabe salientar que as questões referentes à desconsideração da personalidade jurídica, por estarem intimamente ligadas à análise do conjunto fático-probatório, em muitas situações esbarram na Súmula nº 7 do STJ, que veda a análise de provas no âmbito dos Recursos Especiais. Neste sentido, inúmeros recursos são desprovidos pelo STJ por tratarem de matéria fática[213].

Repassados os posicionamentos adotados pela jurisprudência do Superior Tribunal de Justiça, cabe serem analisadas as alterações promovidas pelo novo Código de Processo Civil e seus possíveis impactos sobre o redirecionamento de execuções fiscais, conforme demonstrado nos tópicos seguintes.

---

[212] BRASIL. Superior Tribunal de Justiça. Agravo Regimental no Recurso Especial nº 1307639/RJ. Relator Min. Herman Benjamin. Brasília, 17 maio 2012. Diário de Justiça Eletrônico, Brasília, RDDP, vol. 116, p. 139, 23 maio 2012. Disponível em: <http://www.stj.jus.br/SCON/jurisprudencia/toc.jsp?processo=1307639&&b=ACOR&thesaurus=JURIDICO&p=true>. Acesso em 25/06/2018.

[213] Neste sentido: BRASIL. Superior Tribunal de Justiça. Agravo Regimental no Agravo em Recurso Especial nº 603.992/ES. Relatora Min. Regina Helena Costa. Brasília, 02 jun. 2015. Diário de Justiça Eletrônico, Brasília, 16 maio 2015. Disponível em: <http://www.stj.jus.br/SCON/jurisprudencia/toc.jsp?processo=603992&&b=ACOR&thesaurus=JURIDICO&p=true>. Acesso em 25/06/2018.; e BRASIL. Superior Tribunal de Justiça. Agravo Regimental no Agravo em Recurso Especial 441.231/RJ. Relator Min. Og Fernandes. Brasília, 06 fev. 2014. Diário de Justiça Eletrônico, Brasília, 20 fev. 2014. Disponível em: <https://ww2.stj.jus.br/processo/revista/inteiroteor/?num_registro=201303957711&dt_publicacao=20/02/2014>. Acesso em 25/06/2018.

2.3. Desconsideração da Personalidade Jurídica no Novo Código de Processo Civil

2.3.1. *Do Incidente de Desconsideração da Personalidade Jurídica*

O Novo Código de Processo Civil inovou ao incluir em nosso ordenamento jurídico a previsão, constante de seus artigos 133 a 137, do incidente de desconsideração da personalidade jurídica:

> Art. 133. O incidente de desconsideração da personalidade jurídica será instaurado a pedido da parte ou do Ministério Público, quando lhe couber intervir no processo.
> § 1o O pedido de desconsideração da personalidade jurídica observará os pressupostos previstos em lei.
> § 2o Aplica-se o disposto neste Capítulo à hipótese de desconsideração inversa da personalidade jurídica.
>
> Art. 134. O incidente de desconsideração é cabível em todas as fases do processo de conhecimento, no cumprimento de sentença e na execução fundada em título executivo extrajudicial.
> § 1o A instauração do incidente será imediatamente comunicada ao distribuidor para as anotações devidas.
> § 2o Dispensa-se a instauração do incidente se a desconsideração da personalidade jurídica for requerida na petição inicial, hipótese em que será citado o sócio ou a pessoa jurídica.
> § 3o A instauração do incidente suspenderá o processo, salvo na hipótese do § 2o.
> § 4o O requerimento deve demonstrar o preenchimento dos pressupostos legais específicos para desconsideração da personalidade jurídica.
>
> Art. 135. Instaurado o incidente, o sócio ou a pessoa jurídica será citado para manifestar-se e requerer as provas cabíveis no prazo de 15 (quinze) dias.
>
> Art. 136. Concluída a instrução, se necessária, o incidente será resolvido por decisão interlocutória.
> Parágrafo único. Se a decisão for proferida pelo relator, cabe agravo interno.

Art. 137. Acolhido o pedido de desconsideração, a alienação ou a oneração de bens, havida em fraude de execução, será ineficaz em relação ao requerente.[214]

Tal incidente serve como forma de prestígio aos princípios do contraditório e da ampla defesa, os quais pautaram a elaboração do Novo Código de Processo Civil, conforme bem destaca a exposição de motivos da Lei nº 13.105/2015:

> A necessidade de que fique evidente a harmonia da lei ordinária em relação à Constituição Federal da República fez com que se incluíssem no Código, expressamente, princípios constitucionais, na sua versão processual. Por outro lado, muitas regras foram concebidas, dando concreção a princípios constitucionais, como, por exemplo, as que preveem um procedimento, com contraditório e produção de provas, prévio à decisão que desconsidera da pessoa jurídica, em sua versão tradicional, ou às 'avessas'. Está expressamente formulada a regra no sentido de que o fato de o juiz estar diante de matéria de ordem pública não dispensa a obediência ao princípio do contraditório.[215]

Com o instituto, ao instaurar-se um contraditório prévio à desconsideração da personalidade jurídica, permite-se que sejam apresentadas provas que corroborem a demonstração da validade ou não do pedido de desconsideração da personalidade jurídica, evitando-se a perniciosa situação existente anteriormente em nosso ordenamento jurídico.

Por esta razão, tratando-se de instituto de vital importância para a defesa de terceiros responsabilizados no bojo de processos judiciais, é que se justifica o estudo do incidente de desconsideração da personalidade jurídica e os possíveis reflexos decorrentes de sua aplicação, a partir da criação do Novo Código de Processo Civil.

Neste contexto, cumpre salientar que o incidente de desconsideração da personalidade jurídica tem natureza eminentemente processual, podendo ter sua aplicação verificada em diversos ramos do direito material:

---

[214] BRASIL. Lei nº 13.105, de 16 de março de 2015. Código de Processo Civil. **Diário Oficial da União**: 17 mar. 2015.

[215] BRASIL. Exposição de Motivos do Código de Processo Civil. Lei nº 13.105, de 16 de março de 2015. Disponível em: < https://www2.senado.leg.br/bdsf/bitstream/handle/id/512422/001041135.pdf> Acesso em: 15/08/2018.

DESCONSIDERAÇÃO DA PERSONALIDADE JURÍDICA

Com a edição, em 16 de março de 2015, da Lei nº 13.105/2015, que dispõe sobre o novo Código de Processo Civil, o nosso sistema processual ganhou uma importante ferramenta procedimental, com utilidade em diversos ramos do direito material, qual seja: o incidente de desconsideração da personalidade jurídica. Trata-se, por conseguinte, de um incidente processual.

O primeiro ponto que chama a atenção é que o conjunto de regras presentes no capítulo do incidente é de natureza eminentemente processual. Tal aspecto é bastante salutar, pois o Código de Processo Civil abarca uma série de demandas relacionadas com diplomas de direito material distintos como, por exemplo, direito civil, empresarial, consumerista, administrativo, tributário etc.

Por isso, a inclusão de aspectos relativos ao direito material acabaria por restringir a aplicabilidade do incidente para alguns ramos do direito em detrimento de sua aplicação para a vasta legislação material. Ao que parece, essa foi, inclusive, a intenção do legislador quando, no parágrafo 1º do art. 133 e parágrafo 4º do art. 134, ambos do CPC-2015, dispôs que os pressupostos para desconsideração devem observar os requisitos legais, assim entendidos como aqueles estabelecidos pela legislação material que fundamentar o pedido.[216]

Por incidente processual compreendem-se os atos praticados no curso do processo, que não implicam a constituição de uma nova relação processual, sendo acessório à ação principal e devendo ser analisado pelo juiz antes do mérito da causa principal[217].

A instauração do incidente de desconsideração da personalidade jurídica dar-se-á mediante requerimento do interessado ou pelo Ministério Público, nos casos em que este seja chamado a atuar no processo[218].

Viável, ainda, que a desconsideração da personalidade jurídica seja requerida em petição inicial, hipótese na qual formar-se-á um litiscon-

---

[216] QUEIROZ, Mary Elbe. SOUZA JÚNIOR, Antonio Carlos F. de. In: SOUZA JÚNIOR, Antonio Carlos F. de. CUNHA, Leonardo Carneiro da (Coord.). **Novo CPC e o processo tributário**. São Paulo: Focofiscal, 2015. p. 267.
[217] FERRAGUT, Maria Rita. Novo CPC: o incidente de desconsideração da personalidade jurídica tornando efetivo o direito dos grupos econômicos exercerem o contraditório. **Revista Dialética de Direito Tributário**, São Paulo, n. 237, jun. 2015.
[218] ALVIN, Arruda. **Novo contencioso cível no CPC/2015**. São Paulo: Editora Revista dos Tribunais, 2016. p. 111.

sórcio passivo inicial, não sendo instaurado o incidente, nem mesmo suspendido o curso do processo, sendo a questão da desconsideração julgada no decorrer no processo, em regra, juntamente com os pedidos principais, podendo, caso possível, ser julgada antecipadamente, mediante decisão interlocutória[219].

Contudo, mesmo em caso de sua instauração em conjunto com a petição inicial, *"o direito de defesa será realizado com base no procedimento previsto no incidente de desconsideração"*[220], devendo garantir-se ao responsabilizado a possibilidade de apresentação de alegações e provas que busquem afastar sua responsabilização.

Tal incidente aplicar-se-á também à desconsideração inversa da personalidade jurídica, casos em que o patrimônio da pessoa jurídica é alcançado para saldar obrigações do sócio.

Sua aplicabilidade se dará em quaisquer das fases do processo de conhecimento, no cumprimento de sentença e em processos de execução de títulos extrajudiciais, quaisquer que sejam as fases em que estes estejam[221].

A possibilidade de instauração do incidente em qualquer das fases do processo somente será válida quando suspenso o feito e garantido ao responsabilizado a possibilidade de defender-se em relação ao mérito da cobrança, inclusive em relação aos terceiros que sofrem a constrição de seus bens em face dos débitos, como no caso da meação do cônjuge[222].

Neste sentido, Emmanuel Biar e Pedro Tinocco destacam que o procedimento estabelecido pelo Código de Processo Civil comportará ampla dilação probatória:

> A partir daí, o sócio e/ou administrador que se pretende incluir no polo passivo da ação será citado para que apresente a sua manifestação, bem

---

[219] ALVIN, Arruda. **Novo contencioso cível no CPC/2015**. São Paulo: Editora Revista dos Tribunais, 2016. p. 113.
[220] QUEIROZ, Mary Elbe. SOUZA JÚNIOR, Antonio Carlos F. de. In: SOUZA JÚNIOR, Antonio Carlos F. de. CUNHA, Leonardo Carneiro da (Coord.). **Novo CPC e o processo tributário**. São Paulo: Focofiscal, 2015. p. 268.
[221] ALVIN, Arruda. **Novo contencioso cível no CPC/2015**. São Paulo: Editora Revista dos Tribunais, 2016. p. 111.
[222] FERRAGUT, Maria Rita. Novo CPC: o incidente de desconsideração da personalidade jurídica tornando efetivo o direito dos grupos econômicos exercerem o contraditório. **Revista Dialética de Direito Tributário**, São Paulo, n. 237, jun. 2015.

como requerer as provas que pretende produzir, conforme dicção constante no artigo 135 do NCPC.

A respeito do assunto, vale dizer que o chamamento da pessoa física que se pretende incluir no polo passivo da ação, mediante citação válida e positiva, comportará ampla dilação probatória, de modo que essas alegações e provas (prestigiadas pelos princípios do contraditório e ampla defesa) ensejem uma cognição plena do Magistrado acerca da ocorrência (ou não) dos pressupostos da desconsideração.[223]

Ao interpor o incidente, o requerente deverá demonstrar a existência da circunstância ensejadora da desconsideração da personalidade jurídica, a qual poderá ser comprovada no decorrer da instrução do incidente. Preenchidos os requisitos, será proferida decisão de admissibilidade do incidente, instaurando-o, caso possível, suspendendo-se o procedimento principal e determinando-se a citação do sócio ou empresa responsabilizada para manifestar-se e requerer a produção de provas no prazo de 15 dias[224].

Com a citação do sócio ou da pessoa jurídica responsabilizada, instaura-se o contraditório, oportunidade na qual este poderá defender-se das alegações de fraude, desvio de finalidade, infração à lei, ao contrato social ou aos estatutos, etc.[225]. Caso inexistente a possibilidade de contraditório (como ocorria anteriormente à vigência do Novo Código de Processo Civil), a simples alegação da necessidade de desconsideração da personalidade jurídica e indicação da circunstância que a enseja seriam suficientes para o redirecionamento de execuções fiscais (e demais processos nos quais verificadas), afrontando-se os princípios da segurança jurídica e da legalidade[226].

---

[223] BIAR, Emmanuel. TINOCO, Pedro. O Incidente de Desconsideração da Personalidade Jurídica e a sua Aplicação no Âmbito da Execução Fiscal. In: GONÇALVES, Antonio Baptista; BASAGLIA, Cristiano Agrella; HONDA, Helcio (Coord.). **Impactos do novo CPC no direito tributário**. São Paulo: IOB SAGE, 2016. p. 300.

[224] ALVIN, Arruda. **Novo contencioso cível no CPC/2015**. São Paulo: Editora Revista dos Tribunais, 2016. p. 112.

[225] ALVIN, Arruda. **Novo contencioso cível no CPC/2015**. São Paulo: Editora Revista dos Tribunais, 2016. p. 112.

[226] FERRAGUT, Maria Rita. Novo CPC: o incidente de desconsideração da personalidade jurídica tornando efetivo o direito dos grupos econômicos exercerem o contraditório. **Revista Dialética de Direito Tributário**, São Paulo, n. 237, jun. 2015.

A instauração do incidente implica na intervenção do terceiro no processo e a ausência de manifestação após a citação provocará os efeitos da revelia processual[227].

Apresentadas as alegações, será oportunizada a dilação probatória, cabendo, em regra, ao requerente a comprovação da caracterização da hipótese de desconsideração da personalidade jurídica. O incidente será, então, julgado por meio da prolação de decisão interlocutória, em face da qual poderá ser interposto agravo de instrumento. Na hipótese de interposição do incidente em segunda instância, o julgamento caberá ao relator, que decidirá por meio de decisão monocrática, em face da qual será cabível o recurso de agravo interno ao órgão colegiado[228].

Caso acolhida a desconsideração da personalidade jurídica, esta terá como efeito o reconhecimento de fraude à execução em relação a todas as alienações de bens praticados entre a pessoa jurídica e o sócio ou empresa responsabilizado, sendo ineficazes, portanto, frente ao requerente, podendo ser alcançados pela execução[229].

Desta feita, com a criação do referido incidente, busca-se a superação da situação verificada anteriormente à vigência do Novo Código de Processo Civil, garantindo-se o contraditório e a ampla defesa prévios à responsabilização de sócios e pessoas jurídicas por meio da desconsideração da personalidade jurídica.

Ademais, cumpre destacar que a utilização do incidente de desconsideração da personalidade jurídica não implica prejuízo à efetividade de eventuais medidas de urgência, eis que não há vedação à aplicação de tutelas de urgência no bojo deste procedimento:

> Por outro lado, a utilização do procedimento previsto no incidente de desconsideração da personalidade jurídica para a imputação da responsabilidade tributária não prejudica a efetividade de eventuais medidas de urgência em desfavor do sócio. Isso porque o procedimento do incidente de

---

[227] ALVIN, Arruda. **Novo contencioso cível no CPC/2015**. São Paulo: Editora Revista dos Tribunais, 2016. p. 112.

[228] ALVIN, Arruda. **Novo contencioso cível no CPC/2015**. São Paulo: Editora Revista dos Tribunais, 2016. p. 111-112.

[229] ALVIN, Arruda. **Novo contencioso cível no CPC/2015**. São Paulo: Editora Revista dos Tribunais, 2016. p. 114.

desconsideração da personalidade não veda a utilização das tutelas de urgência, previstas nos artigos 300 e seguintes do CPC-2015.[230]

Assim, repassadas as principais características do incidente, cabe atermo-nos à sua aplicabilidade no contexto do contencioso tributário.

2.3.2. *Da Aplicabilidade do Incidente de Desconsideração da Personalidade Jurídica à Responsabilidade Tributária*

Repassados os aspectos processuais do incidente de desconsideração da personalidade jurídica, cabe verificar-se a sua aplicabilidade em matéria tributária, notadamente considerando-se as divergências doutrinárias quanto à aplicabilidade, ou não, da doutrina da desconsideração da personalidade jurídica no âmbito do Direito Tributário, conforme abordado no item 2.1.3 deste trabalho.

Neste sentido, cabe delinearmos se as hipóteses de redirecionamento da execução fiscal e de responsabilidade tributária de sócios e administradores, previstas nos artigos 134 e 135 do Código Tributário Nacional, caso sejam aplicadas no âmbito do contencioso judicial, estarão sujeitas à prévia instauração do incidente de desconsideração da personalidade jurídica previsto no Novo Código de Processo Civil.

Até o advento do Novo Código de Processo Civil, a desconsideração da personalidade jurídica se dava sem a existência de contraditório e ampla defesa por parte da empresa cuja personalidade é desconsiderada e pelos próprios sócios ou demais empresas integrantes do grupo econômico responsabilizados, bastando o simples requerimento do credor da obrigação tributária para que, verificados os requisitos mínimos, fosse deferida a desconsideração da personalidade jurídica do devedor.

No âmbito tributário, da mesma forma, a responsabilização tributária de sócios-administradores e/ou demais empresas integrantes do grupo econômico se dava sem o contraditório prévio e estes passavam a ser devedores de passivos tributários, sem que pudessem, anteriormente, apresentar quaisquer manifestações quanto a tal responsabilização.

---

[230] QUEIROZ, Mary Elbe. SOUZA JÚNIOR, Antonio Carlos F. de. In: SOUZA JÚNIOR, Antonio Carlos F. de. CUNHA, Leonardo Carneiro da (Coord.). **Novo CPC e o processo tributário**. São Paulo: Focofiscal, 2015. p. 270.

Esta realidade culminou com toda a sorte de abusos na utilização do instituto, realizando-se a desconsideração da personalidade jurídica e a responsabilização de terceiros por débitos tributários sem o devido e necessário critério que a gravidade do instituto exigia.

O grande número de pedidos de redirecionamento de execuções fiscais, os quais muitas vezes eram e ainda são deferidos sem a observância das regras legais, acabou tornando o instituto, muitas vezes, em algo prejudicial ao sistema jurídico brasileiro, permitindo a proliferação da insegurança jurídica e trazendo inúmeros prejuízos aos contribuintes do país.

Ademais, o entendimento jurisprudencial acabou por sedimentar que, reconhecida a responsabilidade do sócio e/ou administrador, recairia sobre o responsabilizado o dever de comprovação da improcedência desta, não sendo viável, na maioria dos casos, a defesa por parte do sócio ou administrador incluído no polo passivo da execução fiscal por meio da apresentação de exceção de pré-executividade[231].

Isso porque, tratando-se de veículo de defesa no qual não é permitida a dilação probatória e tendo a jurisprudência entendido no sentido da necessidade de comprovação da alegação de improcedência da responsabilização para exclusão do sócio e/ou administrador responsabilizado, não seria cabível a exceção de pré-executividade na hipótese.

Restava ao sócio, administrador e/ou empresa integrante do grupo econômico que tivesse sido responsabilizada, portanto, a utilização dos embargos à execução para sua defesa, no qual é admitida a dilação probatória. Os embargos à execução, contudo, para que sejam admitidos, exigem a garantia integral do valor executado[232], a qual se dará por depósito, penhora, fiança e/ou seguro-garantia.

Assim, para que fosse viabilizada a defesa, os responsabilizados deveriam garantir o débito exequendo, o que importava em relevante pre-

---

[231] Neste sentido: BBRASIL. Superior Tribunal de Justiça. Recurso Especial nº 1104900/ES. Relatora Min. Denise Arruda. Brasília, 25 mar. 2009. Diário de Justiça Eletrônico, Brasília, RSSTJ, vol. 36, p. 418, 01 abr. 2009. Disponível em: <http://www.stj.jus.br/SCON/jurisprudencia/toc.jsp?processo=1104900&repetitivos=REPETITIVOS&&b=ACOR&thesaurus=JURIDICO&p=true>. Acesso em 25/06/2018.

[232] BRASIL. Lei nº 6.830, de 22 de setembro de 1980. Dispõe sobre a cobrança judicial da Dívida Ativa da Fazenda Pública, e dá outras providências. **Diário Oficial da União**: 24 set. 1980.Artigo 16, § 1º.

juízo econômico, e apresentar embargos à execução, ação incidental de tramitação morosa, que por vezes levava anos para ser definitivamente julgada, estando, naquele período, sujeitos a toda a sorte de prejuízos decorrentes de sua indevida inclusão no polo passivo da execução fiscal[233].

Tal situação era agravada pelo fato de que, em muitos casos, a desconsideração da personalidade jurídica e redirecionamento da execução em face dos sócios era realizada de maneira manifestamente improcedente, como no caso da responsabilização de sócios-administradores por débitos de fatos geradores ocorridos em período no qual não possuíam poderes de gestão ou mesmo a responsabilização de sócios sem poderes de gestão. No caso do reconhecimento de grupos econômicos, muitas vezes eram assim tratados casos de sucessão empresarial como grupos econômicos, responsabilizando pessoas jurídicas de forma manifestamente improcedente.

Outro exemplo de abusos relacionados à responsabilização de sócios e administradores era verificado no caso de dissolução irregular da sociedade:

> Nessas situações, hoje em dia, quando a Procuradoria responsável pela execução do débito enfrenta dificuldades em encontrar a pessoa jurídica devedora, ela simplesmente apresenta uma petição ao Magistrado, requerendo o redirecionamento da execução para os administradores/sócios, fundamentada no artigo 135 do CTN e no entendimento do eg. Superior Tribunal de Justiça no sentido de que a dissolução irregular da sociedade configura hipótese de redirecionamento da execução para o sócio-gerente. Esse entendimento encontra-se retratado no enunciado da Súmula nº 435 do CTJ.
> Na sequência do pedido da Procuradoria, ele é deferido e os sócios/ /administradores já são citados para pagar ou garantir o débito no prazo de 5 (cinco) dias.[234]

---

[233] FERRAGUT, Maria Rita. Novo CPC: o incidente de desconsideração da personalidade jurídica tornando efetivo o direito dos grupos econômicos exercerem o contraditório. **Revista Dialética de Direito Tributário**, São Paulo, n. 237, jun. 2015. p. 82.

[234] BIAR, Emmanuel. TINOCO, Pedro. O Incidente de Desconsideração da Personalidade Jurídica e a sua Aplicação no Âmbito da Execução Fiscal. In: GONÇALVES, Antonio Baptista; BASAGLIA, Cristiano Agrella; HONDA, Helcio (Coord.). **Impactos do novo CPC no direito tributário**. São Paulo: IOB SAGE, 2016. p. 303.

Tal procedimento, muitas vezes, acabava por culminar com a responsabilização de sócios e/ou administradores sem que se verificasse, de fato, uma dissolução irregular da empresa, que, muitas vezes, operava em outro endereço.

Mesmo diante da manifesta improcedência de sua inclusão, em muitos casos sócios e/ou administradores se viam obrigados a garantir integralmente o débito executado para que fosse possível a sua defesa.

Neste sentido, considerando-se tal realidade de abusos no redirecionamento de execuções fiscais e na responsabilização de terceiros por débitos tributários, é que a aplicabilidade do incidente de desconsideração da personalidade jurídica a tais hipóteses caracteriza um importante instrumento para garantir a segurança jurídica e evitar-se o abuso na responsabilização de terceiros sem que observados os requisitos legais para tanto.

Na mesma esteira das controvérsias quanto ao reconhecimento das hipóteses de responsabilidade tributária como hipóteses de desconsideração da personalidade jurídica, também no que toca à aplicabilidade do incidente processual ora analisado deve-se verificar, no campo doutrinário, divergências de posicionamento por parte dos doutrinadores.

Verifica-se, contudo, a presença de significantes posicionamentos no sentido de garantir-se a aplicabilidade do incidente de desconsideração da personalidade jurídica no âmbito da responsabilização de sócios e/ou gerentes com base nos artigos 134 e 135 do Código Tributário Nacional e redirecionamento das execuções fiscais.

Neste sentido, cabe destacar o posicionamento de Kiyoshi Harada, segundo o qual o incidente de desconsideração da personalidade jurídica deveria ser aplicado no âmbito da responsabilização com base no artigo 134 do Código Tributário Nacional:

> Se bem aplicado, esse instrumento processual poderá corrigir a anomalia existente na jurisprudência dos Tribunais que tem aplicado o artigo 134 do CTN, responsabilizando os sócios pela dívida tributária das empresas, sem a observância dos três requisitos aí previstos: 1) estar a sociedade de pessoas em liquidação; 2) não ter sido possível cobrar o crédito da pessoa jurídica; 3) ter o sócio atingido pela constrição vinculação com a situação configuradora do fato gerador da obrigação tributária ensejadora do crédito sob execução. A responsabilização do sócio, quer desde o início em litisconsórcio

passivo, quer em forma de ulterior redirecionamento da execução sem observância dos requisitos legais retroapontados, equivale à desconsideração da personalidade jurídica da empresa executada com total prescindência do procedimento previsto no artigo 50 do CC que, agora, pode ser feita no bojo do processo de execução fiscal.[235]

Conforme destaca o autor, a aplicação do incidente processual pode ser capaz de afastar diversos excessos atualmente verificados na aplicação das hipóteses de responsabilização no âmbito do contencioso tributário.

Tal realidade de abusos na aplicabilidade das hipóteses de responsabilização de terceiros no âmbito tributário alcança destacada relevância, no bojo das execuções fiscais reguladas pela Lei nº 6.830/1980, considerando-se que, conforme o posicionamento jurisprudencial do Superior Tribunal de Justiça destacado no subcapítulo 2.2 deste trabalho, não se admite a defesa quanto a tais responsabilizações por meio da apresentação de exceção de pré-executividade.

Sendo assim, o sócio ou administrador que tenha sido incorretamente responsabilizado no bojo de determinada execução fiscal, para que apresente sua defesa, deve manejar embargos à execução, os quais exigem garantia integral do débito executado, conforme determina o artigo 16, parágrafo 1º, da Lei nº 6.830/1980[236], requisito não verificado no âmbito dos processos cíveis e que torna a defesa no âmbito da responsabilização tributária ainda mais onerosa.

No mesmo sentido, está o posicionamento de Emmanuel Biar e Pedro Tinoco, os quais sustentam que a aplicabilidade do incidente de descon-

---

[235] HARADA, Kiyoshi. Os Impactos do Novo Código de Processo Civil nos Processos Tributários. In: In: GONÇALVES, Antonio Baptista; BASAGLIA, Cristiano Agrella; HONDA, Helcio (Coord.). **Impactos do novo CPC no direito tributário**. São Paulo: IOB SAGE, 2016. p. 184-185.
[236] Art. 16 – O executado oferecerá embargos, no prazo de 30 (trinta) dias, contados:
I – do depósito;
II – da juntada da prova da fiança bancária;
II – da juntada da prova da fiança bancária ou do seguro garantia;
III – da intimação da penhora.
§ 1º – Não são admissíveis embargos do executado antes de garantida a execução.

sideração da personalidade jurídica no âmbito da execução fiscal deveria ser ponto tranquilo na doutrina e na jurisprudência:

> A nosso ver, a aplicação do incidente da desconsideração da personalidade jurídica na execução fiscal deveria ser ponto tranquilo na doutrina e na jurisprudência, pois o *caput* do artigo 132 do NCPC prestigia sua aplicação nas execuções fundadas em título executivo extrajudicial, e a certidão de dívida ativa, como se sabe, é um título executivo extrajudicial (artigo 784, IX, do NCPC c/c artigo 2º da Lei nº 6.830/1980, LEF).
> Além disso, o artigo 1º da LEF reconhece a aplicação supletiva das regras gerais de processo civil e, ao longo da LEF, não há uma linha sequer tratando do redirecionamento da execução para os sócios e/ou administradores da pessoa jurídica.[237]

Posicionamento similar é adotado por Mary Elbe Queiroz e Antonio Carlos F. de Souza Júnior, os quais sustentam que, em que pese não se esteja diante de uma hipótese de desconsideração da personalidade jurídica, o incidente processual estabelecido pelo Novo Código de Processo Civil deve ter aplicabilidade no âmbito da imputação de responsabilidade tributária:

> No âmbito do Direito Tributário, o procedimento em apreço constitui importante ferramenta para imputação da responsabilidade dos sócios da pessoa jurídica em virtude de atos praticados após a constituição do crédito tributário, quando ele não fez parte do processo administrativo e, repita-se, pode se defender naquele âmbito.
> É verdade que a imputação da responsabilidade tributária não constitui, em essência, uma desconsideração da personalidade jurídica, porém, na prática, ela produz tal efeito, pois não podemos deixar de considerar a vinculação do sócio a uma obrigação tributária da pessoa jurídica como medida semelhante à própria desconsideração.
> Com isso, podemos concluir que o procedimento, previsto nos artigos 133 a 136 do CPC-2015, por ser um instrumento processual, é plenamente aplicável para os casos de imputação de responsabilidade tributária em face da

---

[237] BIAR, Emmanuel. TINOCO, Pedro. O Incidente de Desconsideração da Personalidade Jurídica e a sua Aplicação no Âmbito da Execução Fiscal. In: GONÇALVES, Antonio Baptista; BASAGLIA, Cristiano Agrella; HONDA, Helcio (Coord.). **Impactos do novo CPC no direito tributário**. São Paulo: IOB SAGE, 2016. p. 301.

ocorrência de fatos (hipótese da regra de responsabilidade) após a constituição do crédito tributário.[238]

Em relação à aplicabilidade do instituto no bojo das execuções fiscais, reguladas pela Lei nº 6.830/1980, sustentam os autores que também se mostra viável a aplicação do incidente de desconsideração da personalidade jurídica, tendo em vista a aplicação subsidiária das regras de processo civil ao feito executivo fiscal, conforme o artigo 1º da referida Lei, inexistindo qualquer incompatibilidade do instituto com o procedimento especial das execuções fiscais[239].

Contudo, em que pese a validade de tal dispositivo para a solução desta realidade, há posicionamentos doutrinários que defendem que, inexistindo uma desconsideração da personalidade nas hipóteses de responsabilização de terceiros com base nos dispositivos do Código Tributário Nacional, não haveria que se falar em sujeição de tais hipóteses à instauração prévia do incidente de desconsideração da personalidade jurídica.

Este é o caso de Luís Claudio Ferreira Cantanhede, que, ao tratar da hipótese de responsabilização de sócios pela dissolução irregular da empresa, afirmou que *"por haver específico tratamento do caso do encerramento irregular na norma posta pelo art. 135, III, do CTN, cuja incidência prescinde de qualquer desconsideração da personalidade jurídica da devedora originária"*, o incidente de desconsideração da personalidade jurídica não deveria *"aplicar-se aos casos de redirecionamento da execução fiscal nele fundados"*[240].

Em que pesem tais fundamentos, diante da relevância da aplicabilidade do incidente de desconsideração da personalidade jurídica no bojo da responsabilidade tributária de sócios e administradores no âmbito das execuções fiscais, entendemos que a tal aplicação é fundamental

---

[238] QUEIROZ, Mary Elbe. SOUZA JÚNIOR, Antonio Carlos F. de. In: SOUZA JÚNIOR, Antonio Carlos F. de. CUNHA, Leonardo Carneiro da (Coord.). **Novo CPC e o processo tributário**. São Paulo: Focofiscal, 2015. pp. 268-269.

[239] QUEIROZ, Mary Elbe. SOUZA JÚNIOR, Antonio Carlos F. de. In: SOUZA JÚNIOR, Antonio Carlos F. de. CUNHA, Leonardo Carneiro da (Coord.). **Novo CPC e o processo tributário**. São Paulo: Focofiscal, 2015. p. 272.

[240] CANTANHEDE, Luís Claudio Ferreira. O Redirecionamento da Execução Fiscal. In: CONRADO, Paulo Cesar. ARAÚJO, Juliana Furtado Costa. (coord.). O Novo CPC e seu impacto no Direito Tributário. São Paulo: Fiscosoft, 2015. p. 68.

para a garantia do direito ao contraditório e a ampla defesa dos responsabilizados pelos débitos tributários, afastando-se os excessos cometidos em tais hipóteses de responsabilização sem que sejam cumpridos os requisitos legais.

A par da possível discussão doutrinária sobre a aplicação do incidente de desconsideração da personalidade jurídica em matéria tributária, é no campo jurisprudencial que a efetiva aplicabilidade do instituto será definida. Sendo assim, repassados os posicionamentos doutrinários sobre o tema, passa-se à análise das primeiras decisões judiciais sobre a matéria.

2.3.3. *Da Análise da Aplicação do Incidente de Desconsideração da Personalidade Jurídica no Contencioso Tributário Judicial*

Conforme se pode extrair, pois, dos dispositivos que regulamentam o incidente de desconsideração da personalidade jurídica no Novo Código de Processo Civil, tal instrumento processual tem e seguirá tendo, a partir de sua aplicação no contencioso judicial, fundamental importância para a defesa do sócio responsabilizado.

Por tratar-se de um instrumento processual, sua aplicabilidade dependerá do entendimento jurisprudencial a ser formado a partir de sua análise e de sua aplicação, quando, então, os contornos do novo incidente serão definidos e a efetividade de sua aplicação será testada.

É, contudo, certo que sua criação impôs um acréscimo de dificuldade por parte dos entes tributários para alcançar o patrimônio e responsabilizar terceiros por débitos tributários, eis que, até o advento deste instituto, uma simples petição requerendo tal providência era suficiente para o seu deferimento e para que fosse determinado o bloqueio e restrição de bens dos responsabilizados. Agora, por demandar a existência de um contraditório prévio, é certo que teremos uma maior dificuldade aos entes tributantes para superar a personalidade jurídica das empresas devedoras.

De outra parte, os terceiros responsabilizados, que por muitas vezes se viam obrigados a defender-se, em face da desconsideração da personalidade da pessoa jurídica de que eram sócios, em casos em que esta se deu de forma improcedente, passam a ter uma garantia prévia da possibilidade de sua defesa. Assim, nas palavras de Maria Rita Ferragut, o instituto do incidente de desconsideração da personalidade jurídica visa:

[...] corrigir uma terrível patologia de nosso sistema processual, que, ao não aceitar a exceção de pré-executividade como meio de defesa do responsável tributário, e tampouco prever qualquer outra forma de defesa prévia, faz com que pessoas jurídicas alegadamente integrantes de grupos econômicos tenham que aguardar muitos anos para ter seus argumentos e provas apreciados nos autos dos embargos à execução fiscal.[241]

Contudo, a efetividade do instituto somente poderá ser verdadeiramente testada a partir de sua consolidação jurisprudencial, principalmente no âmbito da jurisprudência do Superior Tribunal de Justiça.

Neste contexto, é de se destacar as primeiras decisões judiciais que advieram da vigência do incidente de desconsideração da personalidade jurídica.

Verificaremos, portanto, alguns dos recentes julgados que analisaram o tema no âmbito do Tribunal Regional Federal da 3ª Região e do Tribunal de Justiça do Estado de São Paulo, a fim de determinar qual posicionamento tem sido adotado por tais Tribunais em relação ao incidente de desconsideração da personalidade jurídica.

É certo que a consolidação do posicionamento jurisprudencial sobre o incidente somente será alcançada com o posicionamento do Superior Tribunal de Justiça sobre o tema, contudo, tendo em vista que o novel Código de Processo Civil tem vigência recente em nosso ordenamento jurídico (desde março de 2016), o Superior Tribunal de Justiça ainda não se manifestou conclusivamente sobre o tema.

O primeiro julgado proferido pela 1ª Seção daquela Corte, responsável pela matéria tributária, sobre o tema trata da necessidade de citação do sócio responsabilizado anteriormente ao redirecionamento da execução, em caso que trata de execução de sentença de honorários:

PROCESSUAL CIVIL. EXECUÇÃO DE TÍTULO JUDICIAL CONTRA PESSOA JURÍDICA. NÃO LOCALIZAÇÃO NO ENDEREÇO FORNECIDO À JUNTA COMERCIAL. DISSOLUÇÃO IRREGULAR. DESCONSIDERAÇÃO DA PERSONALIDADE JURÍDICA. REDIRECIONA-

---

[241] FERRAGUT, Maria Rita. Novo CPC: o incidente de desconsideração da personalidade jurídica tornando efetivo o direito dos grupos econômicos exercerem o contraditório. **Revista Dialética de Direito Tributário**, São Paulo, n. 237, jun. 2015. p. 82.

MENTO AO SÓCIO. POSSIBILIDADE, DESDE QUE OBSERVADO O PRINCÍPIO DO CONTRADITÓRIO.
(...)
4. No caso dos autos, o pleito de redirecionamento, anterior ao início de vigência do CPC/2015, dá-se em execução de sentença de verba honorária, a qual fora arbitrada em ação consignatória tributária ajuizada pela pessoa jurídica, cuja não localização só ocorreu por ocasião de sua citação no processo executivo, contexto que autoriza a instauração do incidente de desconsideração da personalidade nos próprios autos da execução de sentença, com a citação do sócio para o exercício do contraditório.
5. Recurso especial parcialmente provido, para cassar o acórdão recorrido e determinar ao magistrado de primeiro grau que dê regular tramitação à execução de sentença, procedendo à nova análise do pedido de redirecionamento, após a citação do sócio da pessoa jurídica executada.[242]

Recentemente, contudo, a Primeira Turma do Superior Tribunal de Justiça proferiu decisão por meio da qual reconheceu a desnecessidade de instauração do incidente de desconsideração da personalidade jurídica quando o sócio tem seu nome incluído na Certidão de Dívida Ativa ("CDA") ou, mesmo não sendo verificada a sua inclusão, quando a responsabilização decorre das hipóteses previstas nos artigos 134 e 135 do Código Tributário Nacional. Contudo, não verificadas tais hipóteses, a responsabilização de empresas do mesmo grupo demandaria a comprovação do abuso de personalidade, nos termos do artigo 50 do Código Civil, sendo necessária, portanto, a instauração do incidente de desconsideração da personalidade jurídica:

PROCESSUAL CIVIL E TRIBUTÁRIO. EXECUÇÃO FISCAL. REDIRECIONAMENTO A PESSOA JURÍDICA. GRUPO ECONÔMICO "DE FATO". INCIDENTE DE DESCONSIDERAÇÃO DA PERSONALIDADE JURÍDICA. CASO CONCRETO. NECESSIDADE.
1. O incidente de desconsideração da personalidade jurídica (art. 133 do CPC/2015) não se instaura no processo executivo fiscal nos casos em que a Fazenda exequente pretende alcançar pessoa jurídica distinta

---

[242] BRASIL. Superior Tribunal de Justiça. Recurso Especial nº 1315166/SP. Relator Min. Gurgel De Faria. Brasília, 16 mar. 2017. Diário de Justiça Eletrônico, Brasília, 26 abr. 2017. Disponível em: <http://www.stj.jus.br/SCON/jurisprudencia/toc.jsp?processo=1315166&&b=ACOR&thesaurus=JURIDICO&p=true>. Acesso em 25/06/2018.

daquela contra a qual, originalmente, foi ajuizada a execução, mas cujo nome consta na Certidão de Dívida Ativa, após regular procedimento administrativo, ou, mesmo o nome não estando no título executivo, o fisco demonstre a responsabilidade, na qualidade de terceiro, em consonância com os artigos 134 e 135 do CTN.

2. Às exceções da prévia previsão em lei sobre a responsabilidade de terceiros e do abuso de personalidade jurídica, o só fato de integrar grupo econômico não torna uma pessoa jurídica responsável pelos tributos inadimplidos pelas outras.

3. O redirecionamento de execução fiscal a pessoa jurídica que integra o mesmo grupo econômico da sociedade empresária originalmente executada, mas que não foi identificada no ato de lançamento (nome na CDA) ou que não se enquadra nas hipóteses dos arts. 134 e 135 do CTN, depende da comprovação do abuso de personalidade, caracterizado pelo desvio de finalidade ou confusão patrimonial, tal como consta do art. 50 do Código Civil, daí porque, nesse caso, é necessária a instauração do incidente de desconsideração da personalidade da pessoa jurídica devedora.

4. Hipótese em que o TRF4, na vigência do CPC/2015, preocupou-se em aferir os elementos que entendeu necessários à caracterização, de fato, do grupo econômico e, entendendo presentes, concluiu pela solidariedade das pessoas jurídicas, fazendo menção à legislação trabalhista e à Lei n. 8.212/1991, dispensando a instauração do incidente, por compreendê-lo incabível nas execuções fiscais, decisão que merece ser cassada.

5. Recurso especial da sociedade empresária provido."[243]

Contudo, de forma divergente, a Segunda Turma do Superior Tribunal de Justiça entendeu pela inaplicabilidade do incidente no âmbito da execução fiscal:

REDIRECIONAMENTO DA EXECUÇÃO FISCAL. SUCESSÃO DE EMPRESAS. GRUPO ECONÔMICO DE FATO. CONFUSÃO PATRIMONIAL. INSTAURAÇÃO DE INCIDENTE DE DESCONSIDERAÇÃO DA

---

[243] Brasil. Superior Tribunal de Justiça. Recurso Especial nº 1775269/PR. Relator Min. Gurgel De Faria. Brasília, 21 fev. 2019. Diário de Justiça Eletrônico, Brasília, 01 mar. 2019. Disponível em: http://www.stj.jus.br/SCON/jurisprudencia/toc.jsp?processo=1775269&b=ACOR&thesaurus=JURIDICO&p=true. Acesso em 27/05/2019.

PERSONALIDADE JURÍDICA. DESNECESSIDADE. VIOLAÇÃO DO ART. 1.022, DO CPC/2015. INEXISTÊNCIA.
I – Impõe-se o afastamento de alegada violação do art. 1.022 do CPC/2015, quando a questão apontada como omitida pelo recorrente foi examinada no acórdão recorrido, caracterizando o intuito revisional dos embargos de declaração.
II – Na origem, foi interposto agravo de instrumento contra decisão que, em via de execução fiscal, deferiu a inclusão da ora recorrente no polo passivo do feito executivo, em razão da configuração de sucessão empresarial por aquisição do fundo de comércio da empresa sucedida.
III – Verificado, com base no conteúdo probatório dos autos, a existência de grupo econômico e confusão patrimonial, apresenta-se inviável o reexame de tais elementos no âmbito do recurso especial, atraindo o óbice da Súmula n. 7/STJ.
IV – A previsão constante no art. 134, caput, do CPC/2015, sobre o cabimento do incidente de desconsideração da personalidade jurídica, na execução fundada em título executivo extrajudicial, não implica a incidência do incidente na execução fiscal regida pela Lei n. 6.830/1980, verificando-se verdadeira incompatibilidade entre o regime geral do Código de Processo Civil e a Lei de Execuções, que diversamente da Lei geral, não comporta a apresentação de defesa sem prévia garantia do juízo, nem a automática suspensão do processo, conforme a previsão do art. 134, § 3º, do CPC/2015. Na execução fiscal "a aplicação do CPC é subsidiária, ou seja, fica reservada para as situações em que as referidas leis são silentes e no que com elas compatível" (REsp n. 1.431.155/PB, Rel. Ministro Mauro Campbell Marques, Segunda Turma, julgado em 27/5/2014).
V – Evidenciadas as situações previstas nos arts. 124, 133 e 135, todos do CTN, não se apresenta impositiva a instauração do incidente de desconsideração da personalidade jurídica, podendo o julgador determinar diretamente o redirecionamento da execução fiscal para responsabilizar a sociedade na sucessão empresarial. Seria contraditório afastar a instauração do incidente para atingir os sócios-administradores (art. 135, III, do CTN), mas exigi-la para mirar pessoas jurídicas que constituem grupos econômicos para blindar o patrimônio em comum, sendo que nas duas hipóteses há responsabilidade por atuação irregular, em descumprimento das obrigações tributárias, não havendo que se falar em desconsideração da personalidade jurídica, mas sim de imputação de responsabilidade tributária pessoal e direta pelo ilícito.

VI – Recurso especial parcialmente conhecido e, nesta parte, improvido.[244]

Tendo em vista a divergência, caberá à Primeira Seção decidir sobre a matéria, unificando a jurisprudência do Superior Tribunal de Justiça sobre o tema.

Analisando-se, portanto, as decisões proferidas pelo Tribunal Regional Federal da 3ª Região, verifica-se que o Tribunal tem se posicionado pela aplicabilidade do incidente aos casos de débitos da Fazenda Pública, conforme demonstra o julgado abaixo:

> DIREITO TRIBUTÁRIO E PROCESSUAL CIVIL. AGRAVO DE INSTRUMENTO. EXECUÇÃO FISCAL. REDIRECIONAMENTO DA EXECUÇÃO AO SÓCIO. INADMISSIBILIDADE NA ESPÉCIE. INCIDENTE DE DESCONSIDERAÇÃO DA PERSONALIDADE JURÍDICA NÃO INSTAURADO. DISSOLUÇÃO IRREGULAR NÃO COMPROVADA PELOS ELEMENTOS PROBATÓRIOS CONSTANTES DOS AUTOS. AGRAVO DE INSTRUMENTO IMPROVIDO.
> – O CPC/15 disciplinou em seus artigos 133 a 137 o incidente de desconsideração da personalidade jurídica, o qual passou a ser necessário para análise de eventual pretensão de redirecionamento da execução ao patrimônio dos sócios. **A instauração do incidente exige a comprovação dos requisitos legais específicos previstos pelo art. 50 do CC/02. Esse incidente aplica-se, em toda sua extensão, à Fazenda Pública, por expressa disposição do artigo 4º. § 2º, da Lei de Execuções Fiscais, que prevê que "à dívida ativa da Fazenda Pública, de qualquer natureza, aplicam-se as normas relativas à responsabilidade prevista na legislação tributária, civil e comercial"**.
> (...)
> – Agravo de instrumento a que se nega provimento.[245]

---

[244] Brasil. Superior Tribunal de Justiça. Recurso Especial nº 1786311/PR. Relator Min. Francisco Falcão. Brasília, 06 maio 2019. Diário de Justiça Eletrônico, Brasília, 15 maio 2019. Disponível em: http://www.stj.jus.br/SCON/jurisprudencia/toc.jsp?processo=1786311&b=ACOR&thesaurus=JURIDICO&p=true. Acesso em 27/05/2019.

[245] São Paulo. Tribunal Regional Federal da 3ª Região. Agravo de Instrumento nº 0020449-95.2016.4.03.0000. Relator Des. Federal Wilson Zauhy. São Paulo, 21 mar. 2017. Diário de Justiça Eletrônico, 05 abr. 2017. Disponível em: <http://web.trf3.jus.br/acordaos/Acordao/BuscarDocumentoGedpro/5925763>. Acesso em 25/06/2018.

Tem entendido o Tribunal, pois, que a não interposição do incidente inviabiliza a responsabilização do sócio, devendo, pois, ser instaurado previamente ao redirecionamento:

> PROCESSUAL CIVIL. EMBARGOS À EXECUÇÃO FISCAL. DÉBITOS REFERENTES AO FGTS. ARTIGO 13 DA LEI Nº 8.620/93 E ARTIGO 135 DO CÓDIGO TRIBUTÁRIO NACIONAL. INAPLICABILIDADE. SÚMULA 353/STJ. SOLIDARIEDADE. MERO INADIMPLEMENTO. IMPOSSIBILIDADE. INCIDENTE DE DESCONSIDERAÇÃO DA PERSONALIDADE JURÍDICA. IMPRESCINDIBILIDADE.
> I. Trata-se de embargos à execução fiscal de débitos referentes a contribuições ao FGTS.
> II. Acerca da responsabilidade solidária, quando se tratar de execução de débito concernente a FGTS, são inaplicáveis as disposições do Artigo 13 da Lei nº 8.620/93, bem como as relativas ao Código Tributário Nacional, conforme entendimento cristalizado na Súmula nº 353/STJ. Referido entendimento não afasta, contudo, a possibilidade de redirecionamento da execução, desde que haja, em relação aos sócios-gerentes, prova de ato cometido com excesso de poderes, contrário à lei ou ao contrato social da empresa, "ex vi" do disposto no Artigo 10 do Decreto nº 3.708/19 e Artigo 158 da Lei nº 6.404/78.
> III. Decidiu o colendo Supremo Tribunal Federal, tendo como esteio o voto do eminente Ministro JOAQUIM BARBOSA, que não se pode "transformar a responsabilidade subjetiva e condicional em objetiva e automática", competindo "à autoridade fiscal motivar e provar os fatos que implicam a responsabilidade do administrador de pessoas jurídicas privadas que exercem atividade lucrativa" (AI 718320 AgR/MG).
> IV. Considerando a insuficiência de elementos que apontem para a eventual responsabilidade do sócio na criação do fato gerador de modo irregular, ou seja, mediante abuso da personalidade jurídica ou confusão patrimonial (criação de grupo econômico com intenção de burlar o fisco ou esvaziamento patrimonial fraudulento contemporâneo), não se há de falar em redirecionamento.
> V. Para que se reconheça a responsabilidade do sócio é necessária a instauração do incidente de desconsideração da personalidade jurídica da empresa executada, ocasião em que a exequente deverá comprovar a participação dos sócios pela prática de atos que caracterizem abuso da personalidade jurídica, vale dizer, que tenham praticado atos "com excesso de

poderes ou infração de lei, contrato social ou estatutos" ou a ocorrência de confusão patrimonial. Esse incidente se aplica, em toda sua extensão, à Fazenda Pública, por expressa disposição do artigo 4º, § 2º, da Lei de Execuções Fiscais, que prevê que "à dívida ativa da Fazenda Pública, de qualquer natureza, aplicam-se as normas relativas à responsabilidade prevista na legislação tributária, civil e comercial".

VI. Todavia, o tema se encontra em debate nesta Corte por força da instauração do incidente de resolução de demandas repetitivas previsto no artigo 976 e seguintes do Novo Código de Processo Civil (processo nº 0017610-97.2016.403.0000), tendo o Órgão Especial determinado "a suspensão dos Incidentes de Desconsideração da Personalidade Jurídica em tramitação na Justiça Federal da 3ª Região, todavia, sem prejuízo do exercício do direito de defesa nos próprios autos da execução, seja pela via dos embargos à execução, seja pela via da exceção de pré-executividade, conforme o caso, bem como mantidos os atos de pesquisa e constrição de bens necessários à garantia da efetividade da execução".

VII. Os honorários advocatícios foram arbitrados moderadamente e devem ser mantidos.

VIII. Remessa Oficial e apelação desprovidas.[246]

DIREITO PROCESSUAL CIVIL E TRIBUTÁRIO. AGRAVO DE INSTRUMENTO. EXECUÇÃO FISCAL. ART. 133 A 137 DO NOVO CÓDIGO DE PROCESSO CIVIL. VIGÊNCIA. INSTAURAÇÃO DE INCIDENTE DE DESCONSIDERAÇÃO DA PERSONALIDADE JURÍDICA. NECESSIDADE DE COMPROVAÇÃO DE ABUSO DA PERSONALIDADE JURÍDICA OU CONFUSÃO PATRIMONIAL. INCLUSÃO DE SÓCIO. IMPOSSIBILIDADE. MEDIDAS CONSTRITIVAS EM RELAÇÃO À SOCIEDADE. POSSIBILIDADE. AGRAVO DE INSTRUMENTO PARCIALMENTE PROVIDO. EMBARGOS DE DECLARAÇÃO PREJUDICADOS.
[...]
– Com efeito, o Novo Código de Processo Civil disciplinou em seus artigos 133 a 137 o incidente de desconsideração da personalidade jurídica. A par-

---

[246] São Paulo. Tribunal Regional Federal da 3ª Região. Apelação / Remessa Necessária nº 0021280-32.2013.4.03.6182. Relator Des. Federal Wilson Zauhy. São Paulo, 10 abr. 2018. Diário de Justiça Eletrônico, 23 abr. 2018. Disponível em: <http://web.trf3.jus.br/acordaos/Acordao/PesquisarDocumento?processo=00212803220134036182>. Acesso em 25/06/2018.

tir da vigência do Novo CPC, para a análise de eventual pretensão de redirecionamento da execução ao patrimônio dos sócios tornou-se necessária a instauração do mencionado incidente de desconsideração da personalidade jurídica da empresa executada.
[...]
– Esse incidente aplica-se, em toda sua extensão, à Fazenda Pública, por expressa disposição do artigo 4º § 2º, da Lei de Execuções Fiscais, que prevê que "à dívida ativa da Fazenda Pública, de qualquer natureza, aplicam-se as normas relativas à responsabilidade prevista na legislação tributária, civil e comercial".
(...)
– Sem que se tenha demonstrado eventual responsabilidade dos sócios na criação do fato gerador de modo irregular, ou seja, mediante abuso da personalidade jurídica (artigo 135 do CTN: infração à lei, ao contrato ou ao estatuto) ou confusão patrimonial (criação de grupo econômico com intenção de burlar o fisco ou esvaziamento patrimonial fraudulento contemporâneo), não se há de falar em redirecionamento.
[...]
– Por conseguinte, se mostra necessária a instauração do incidente de desconsideração da personalidade jurídica. Isso porque no tempo em que proferida a decisão agravada – 19/09/2016 (fl. 158) – já se encontrava vigente o Novo CPC, de modo que os artigos 133 a 137 do diploma processual civil se mostram inteiramente aplicáveis ao caso dos autos. Desse modo, a agravada deverá promover a instauração do referido incidente de desconsideração da personalidade jurídica da empresa executada a fim de se verificar a responsabilidade de seus sócios pelo débito executado.
[...]
– Agravo de instrumento parcialmente provido. Prejudicados os embargos de declaração.[247]

De outro lado, algumas decisões do Tribunal Regional Federal da 3º Região têm relativizado a necessidade de interposição do incidente, afastando sua aplicabilidade nos casos em que a responsabilização

---

[247] São Paulo. Tribunal Regional Federal da 3ª Região. Agravo de Instrumento nº 0019202-79.2016.4.03.0000. Relator Des. Federal Wilson Zauhy. São Paulo, 07 mar. 2017. Diário de Justiça Eletrônico, 23 mar. 2017. Disponível em: <http://web.trf3.jus.br/acordaos/Acordao/BuscarDocumentoGedpro/5908003>. Acesso em 25/06/2018.)

do sócio decorre da aplicação do artigo 135, III, do Código Tributário Nacional:

AGRAVO DE INSTRUMENTO. EXECUÇÃO FISCAL. INSTITUTO DA DESCONSIDERAÇÃO DA PERSONALIDADE JURÍDICA DA EMPRESA. RECONHECIMENTO DE OFÍCIO. IMPOSSIBILIDADE. ART. 133 DO CPC/2015.
1. A agravante/exequente pretendeu, com fundamento no artigo 135, III, do Código Tributário Nacional, o redirecionamento da execução fiscal ao sócio, sob o argumento de restar configurada hipótese de dissolução irregular da sociedade.
2. O Artigo 133 do CPC/2015 determina que o incidente depende de iniciativa da parte ou do Ministério Público quando lhe couber intervir nos autos, não podendo ser instaurado de ofício pelo Juiz, como ocorreu no caso vertente.
3. No caso em exame, há certidão de oficial de justiça (fl. 29) que constata o não funcionamento da empresa.
4. Destarte, não se sustenta a instauração do incidente do art. 133 do CPC/15, a uma porque não pode ordená-lo o juiz de ofício, a duas, porque é desnecessário na singularidade dos fatos aqui examinados.
5. A Escola Nacional de Formação e Aperfeiçoamento de Magistrados (Enfam) já aprovou o Enunciado de número 53, proclamando que "o redirecionamento da execução fiscal para o sócio-gerente prescinde do incidente de desconsideração da personalidade jurídica previsto no art. 133 do CPC/2015".
6. O Fórum de Execuções Fiscais da Segunda Região (Forexec), edição 2015, reunindo juízes federais atuantes nas varas federais especializadas em execuções fiscais, aprovou o Enunciado de número 6, dispondo que "a responsabilidade tributária regulada no artigo 135 do CTN não constitui hipótese de desconsideração da personalidade jurídica, não se submetendo ao incidente previsto no artigo 133 do CPC/2015".
7. Agravo de instrumento a que se dá provimento. [248-249]

---

[248] São Paulo. Tribunal Regional Federal da 3ª Região. Agravo de Instrumento nº 0022121-41.2016.4.03.0000. Relator Des. Federal Valdeci dos Santos. São Paulo, 18 abr. 2017. Diário de Justiça Eletrônico, 09 maio 2017. Disponível em: <http://web.trf3.jus.br/acordaos/Acordao/BuscarDocumentoGedpro/5971890>. Acesso em 25/06/2018.
[249] Neste sentido, vide também: São Paulo. Tribunal Regional Federal da 3ª Região. Agravo de Instrumento nº 0022331-92.2016.4.03.0000. Relatora Des. Federal Consuelo Yoshida.

Destaca-se que o Órgão Especial do Tribunal Regional Federal da 3ª Região, tendo em vista os repetidos recursos sobre a matéria da necessidade de instauração do incidente de desconsideração da personalidade jurídica no âmbito das execuções de débitos fiscais, instaurou o Incidente de Resolução de Demandas Repetitivas nº 0017610-97.2016.403.0000, o qual visa analisar se *"o redirecionamento de execução de crédito tributário da pessoa jurídica para os sócios dar-se-ia nos próprios autos da execução fiscal ou em sede de incidente de desconsideração da personalidade jurídica."*[250].

Referido incidente, que ainda se encontra pendente de julgamento pelo Órgão Especial do referido Tribunal, terá o condão de uniformizar a jurisprudência deste no que concerne à necessidade, ou não, da instauração do incidente de desconsideração da personalidade jurídica para os fins de responsabilização de terceiros com base no artigo 135 do Código Tributário Nacional, solucionando as divergências apontadas nos julgados supracitados.

Em que pese o entendimento do Tribunal em algumas de suas decisões, no sentido de que seria prescindível a instauração do incidente para redirecionamento de execuções fiscais, temos que tais decisões não veiculam o melhor entendimento sobre o tema, já que o Código de Processo Civil é claro ao estabelecer a necessidade de interposição do incidente para fins de desconsideração da personalidade jurídica no bojo de processos judiciais.

São Paulo, 27 abr. 2017. Diário de Justiça Eletrônico, 27 abr. 2017. Disponível em: <http://web.trf3.jus.br/acordaos/Acordao/BuscarDocumentoGedpro/6008725>. Acesso em 25/06/2018; SÃO PAULO. Tribunal Regional Federal da 3ª Região. Agravo de Instrumento nº 0018218-95.2016.4.03.0000. Relator Des. Federal Carlos Muta. São Paulo, 19 abr. 2017. Diário de Justiça Eletrônico, 19 abr. 2017. Disponível em: <http://web.trf3.jus.br/acordaos/Acordao/BuscarDocumentoGedpro/5937010>. Acesso em 25/06/2018; SÃO PAULO. Tribunal Regional Federal da 3ª Região. Agravo de Instrumento nº 0020449-95.2016.4.03.0000. Relator Des. Federal Wilson Zauhy. São Paulo, 21 mar. 2017. Diário de Justiça Eletrônico, 05 abr. 2017. Disponível em: <http://web.trf3.jus.br/acordaos/Acordao/BuscarDocumentoGedpro/5925763>. Acesso em 25/06/2018.

[250] SÃO PAULO. Tribunal Regional Federal da 3ª Região. Incidente de Resolução de Demandas Repetitivas nº 0017610-97.2016.4.03.0000. Relator Des. Federal Baptista Pereira. São Paulo, 08 fev. 2017. SÃO PAULO. Tribunal Regional Federal da 3ª Região. Diário de Justiça Eletrônico, Disponível em: <http://web.trf3.jus.br/consultas/Internet/ConsultaProcessual/Processo?NumeroProcesso=00176109720164030000>. Acesso em 25/06/2018.

Assim, tal incidente é aplicável a todos os casos em que se vislumbra a necessidade de desconsideração da personalidade jurídica, inclusive no campo tributário, não havendo que se falar em prescindibilidade deste no caso de responsabilização pelo artigo 135 do Código Tributário Nacional.

Caso consolidado tal posicionamento, torna-se claro que o benefício vislumbrado pela criação do instituto será eliminado, mantendo-se o contexto de responsabilizações de sócios de maneira manifestamente improcedente no bojo de execuções fiscais, o que, certamente, impõe um prejuízo à segurança jurídica.

Também o Tribunal de Justiça do Estado de São Paulo tem sustentado a inaplicabilidade do incidente no âmbito das execuções fiscais:

> Agravo de instrumento. Execução fiscal. Imposto sobre serviços de qualquer natureza. Exercícios de 2007 a 2010. Decisão que condiciona a inclusão dos sócios-gerentes da executada no polo passivo da relação processual à instauração de incidente de desconsideração da personalidade jurídica daquela. Inadmissibilidade. Responsabilidade dos sócios estabelecida na lei (artigo 135, III, do Código Tributário Nacional). Inclusão destes condicionada apenas à presença de indícios de dissolução irregular da sociedade (Súmula 435 do Superior Tribunal de justiça). Desnecessidade da instauração do incidente. Inteligência do artigo 1º da Lei 6.830/80 e dos Enunciados 53 da Escola Nacional de Formação e Aperfeiçoamento de Magistrados e 6 do Fórum de Execuções Fiscais da 2ª Região. Recurso provido.[251]

> AGRAVO DE INSTRUMENTO – Execução fiscal – Pedido de redirecionamento em face dos sócios – Apreciação condicionada à instauração do incidente previsto nos arts. 133 a 137 do NCPC – Decisão reformada – Descabimento da exigência nas execuções fiscais – Inteligência do Enunciado 53, da ENFAM – Precedentes Jurisprudenciais – Recurso provido.[252]

---

[251] São Paulo. Tribunal de Justiça do Estado de São Paulo. Agravo de Instrumento nº 2195560-50.2017.8.26.0000. Relator Des. Geraldo Xavier. São Paulo, 07 jun. 2018. Diário de Justiça Eletrônico, 12 jun. 2018. Disponível em: <https://esaj.tjsp.jus.br/cjsg/getArquivo doconversationId=&cdAcordao=11529403&cdForo=0&uuidCaptcha=sajcaptcha_2d98a3b 316f04285ba281ad7cbcf1010&vlCaptcha=drh&novoVlCaptcha=>. Acesso em 25/06/2018.

[252] São Paulo. Tribunal de Justiça do Estado de São Paulo. Agravo de Instrumento nº 2058485-32.2018.8.26.0000. Relator Des. Henrique Harris Júnior. São Paulo, 27 jun.

EXECUÇÃO FISCAL – Redirecionamento ao sócio – Desnecessidade do incidente de desconsideração da personalidade jurídica – Inexistência de previsão na LEF ou no CTN – Recurso PROVIDO.[253]

EXECUÇÃO FISCAL – Pedido de inclusão de sócio-gerente no polo passivo da demanda, ante a alegada dissolução irregular da pessoa jurídica, nos termos do artigo 135, inciso III, do CPC ?Indeferimento do pleito – Cogitada a necessidade de instauração de incidente, nos termos dos artigos 133 e seguintes do Código de Processo Civil de 2015 ? Descabimento ? Desnecessidade de instauração do incidente de desconsideração da personalidade jurídica previsto nos artigos 133 a 137 do vigente Código de Processo Civil? Enunciados 53 da ENFAM e 6 do Fórum de Execuções Fiscais da 2ª Região (Forexec)? Ausência de prova, nesta fase processual, apta a configurar a presumida dissolução irregular da empresa – Art. 135 do CTN e Súmula 435 do Superior Tribunal de Justiça ? Decisão mantida ? Recurso desprovido.[254]

No contexto da análise jurisprudencial acerca da aplicabilidade, ou não, do incidente de desconsideração da personalidade jurídica no âmbito das execuções fiscais, reguladas pela Lei nº 6.830, de 22 de setembro de 1980, a Escola Nacional de Formação e Aperfeiçoamento de Magistrados proferiu o Enunciado nº 53, segundo o qual *"O redirecionamento da execução fiscal para o sócio-gerente prescinde do incidente de desconsideração da personalidade jurídica previsto no art. 133 do CPC/2015"*[255].

Contudo, em que pesem tais decisões, é preciso aguardar a consolidação do entendimento jurisprudencial sobre o tema, notadamente

---

2018. Diário de Justiça Eletrônico, 27 jun. 2018. Disponível em: <https://esaj.tjsp.jus.br/cjsg/getArquivo.do?cdAcordao=11580325&cdForo=0>. Acesso em 25/06/2018.

[253] SÃO PAULO. Tribunal de Justiça do Estado de São Paulo. Agravo de Instrumento nº 2057397-56.2018.8.26.0000. Relatora Des. Mônica Serrano. São Paulo, 07 jun. 2018. Diário de Justiça Eletrônico, 19 jun. 2018. Disponível em: <https://esaj.tjsp.jus.br/cjsg/getArquivo.do?cdAcordao=11551521&cdForo=0>. Acesso em 25/06/2018

[254] SÃO PAULO. Tribunal de Justiça do Estado de São Paulo. Agravo de Instrumento nº 2064597-17.2018.8.26.0000. Relator Des. Silva Russo. São Paulo, 14 jun. 2018. Diário de Justiça Eletrônico, 18 jun. 2018. Disponível em: < https://esaj.tjsp.jus.br/cjsg/getArquivo.do?cdAcordao=11548960&cdForo=0>. Acesso em 25/06/2018.

[255] https://www.enfam.jus.br/wp-content/uploads/2015/09/ENUNCIADOS--VERS%C3%83O-DEFINITIVA-.pdf

no que toca ao posicionamento do Superior Tribunal de Justiça sobre a aplicação do instituto no âmbito das execuções fiscais.

Independentemente do posicionamento que vier a ser firmado com base nos posicionamentos jurisprudenciais que vierem a se consolidar no âmbito do contencioso judicial, é certo que o incidente de desconsideração da personalidade jurídica, caso aplicado no âmbito da responsabilização de terceiros mediante redirecionamento da execução fiscal, será capaz de mitigar uma realidade de abusos atualmente verificada no contencioso judicial tributário e que corrobora para um ambiente de insegurança jurídica.

Assim, é claro o benefício que seria extraído de sua aplicação no bojo dos feitos executivos fiscais, evitando-se os graves prejuízos hoje enfrentados por terceiros ilegalmente responsabilizados por débitos fiscais.

2.3.4. *Procedimento Administrativo de Reconhecimento de Responsabilidade (PARR) – Portaria PGFN nº 948, de 15 de setembro de 2017*

Se no bojo no contencioso judicial ainda não se pode verificar uma orientação pacífica quanto à viabilidade de aplicação do incidente de desconsideração da personalidade jurídica em matéria tributária, no âmbito do processo administrativo fiscal federal vislumbram-se reflexos do incidente processual, conforme adiante demonstrado.

Atualmente, tem-se verificado no processo tributário administrativo uma mitigação das garantias constitucionais do contraditório e ampla defesa dos sócios de pessoas jurídicas nos casos de transferência da responsabilidade tributária em razão de culpa ou dolo, hipóteses previstas no art. 135 do Código Tributário Nacional.

Em muitos casos, tem-se observado que, após o processo tributário administrativo que tramitou tão somente em face da pessoa jurídica, os sócios da sociedade têm os seus nomes sumariamente inclusos nas Certidões de Dívida Ativa na condição de coobrigado, sem que os mesmos tenham tido oportunidade de defesa no processo administrativo.

Muitas vezes a inclusão do nome dos sócios ocorre sem qualquer indício de prática de qualquer ato ilícito, sendo que a jurisprudência do Superior Tribunal de Justiça é sumulada no sentido de que o simples inadimplemento da obrigação tributária não enseja na responsabilidade dos sócios[256].

Dessa forma, o Supremo Tribunal Federal, no RE 608.426 AgR, relatoria do Min. Joaquim Barbosa, demonstrou de forma clara e direta, a ampla e irrestrita aplicabilidade do dever da Fazenda Nacional em provar a responsabilidade do requerente para com sua responsabilidade solidária:

> "Os princípios do contraditório e da ampla defesa aplicam-se plenamente à constituição do crédito tributário em detrimento de qualquer categoria de sujeito passivo, irrelevante sua nomenclatura legal (contribuintes, responsáveis, substitutos, devedores solidários etc.). Por outro lado, a decisão administrativa que atribui sujeição passiva por responsabilidade ou por substituição também deve ser adequadamente motivada e fundamentada, sem depender de presunções e ficções legais inadmissíveis no âmbito do Direito Público e do Direito Administrativo. Considera-se presunção inadmissível aquela que impõe ao sujeito passivo deveres probatórios ontologicamente impossíveis, irrazoáveis ou desproporcionais, bem como aquelas desprovidas de motivação idônea, isto é, que não revelem esforço do aparato fiscal para identificar as circunstâncias legais que permitem a extensão da relação jurídica tributária."

Reitera-se que essa é uma prática corriqueira feita pela Administração Fazendária, conforme o próprio STJ já observou:

> "Partiu-se da presunção de que, se o nome do sócio consta da CDA é porque houve procedimento administrativo anterior e, portanto, defesa; nada mais enganoso, pois o que se observa, na prática, é que o Fisco trata os responsáveis pelas pessoas jurídicas como devedores solidários das obrigações tributárias, incluindo seus nomes na CDA indiscriminadamente sem qualquer apuração prévia acerca da existência de atos ilícitos. Mas tal solidariedade não existe, já que a responsabilização do sócio, gerente ou administrador exsurge apenas e tão-somente quando caracterizada uma das situações

---

[256] BRASIL. Superior Tribunal de Justiça. Súmula 430. Brasília, 24 mar. 2010. **Diário de Justiça Eletrônico**, Brasília, 13 maio 2010. Disponível em: <http://www.stj.jus.br/docs_internet/SumulasSTJ.pdf>. Acesso em 25/06/2018.

previstas no art. 135 do CTN – excesso de poderes ou infração à lei, ao contrato social ou estatuto, ou em caso de dissolução irregular".[257]

Esta solução de incluir o requerente como responsável se mostra de extrema violência, visto que não se poderia exigir do coobrigado, que teve o seu contraditório suprimido, o dever de fazer prova negativa (diga-se, diabólica) de que não agiu contra a lei ou contrato social.

A mera presunção que impõe ao sujeito requerente a demonstração de prova negativa, além da falta de motivação idônea para sua responsabilização, não pode dar azo à sua responsabilização por exceção.

Lembrando que o réu possui todo o aparato fiscal para identificar as circunstâncias legais que permitem a extensão da relação jurídica tributária e poderia demonstrar se existiu ou não infração à lei no caso em tela.

Pretende-se uma verdadeira instituição da presunção de culpa do coobrigado até que ele prove o contrário. A demonstração da inexistência de prova é comprovada de plano com a juntada do auto de infração que dá origem à CDA.

Assim, institutos como o incidente de desconsideração da personalidade jurídica, previsto no Código de Processo Civil, são fundamentais para a mitigação de tais situações e para a garantia dos direitos daqueles que sejam ilegalmente responsabilizados por débitos tributários.

Neste contexto é que, no âmbito do contencioso administrativo fiscal federal, a Procuradoria Geral da Fazenda Nacional (PGFN), por meio da Portaria PGFN nº 948, de 15 de setembro de 2017, instituiu o Procedimento Administrativo de Reconhecimento de Responsabilidade (PARR). Referido procedimento reflete nada menos do que o incidente processual estabelecido pelo novo Código de Processo Civil que, a partir da referida Portaria, passou a ser aplicado para fins de apuração da responsabilidade de terceiros no âmbito administrativo.

Conforme as regras previstas na Portaria, o PARR tem por objetivo a *"apuração de responsabilidade de terceiros pela prática da infração à lei consis-*

---

[257] BRASIL. Superior Tribunal de Justiça. Agravo Regimental nos Embargos de Divergência em Recurso Especial nº 1.131.069/RJ. Relator Min. Arnaldo Esteves Lima. Brasília, 27 jun. 2012. Diário de Justiça, Brasília, 14 ago. 2012. Disponível em: <https://ww2.stj.jus.br/processo/revista/inteiroteor/?num_registro=201100469013&dt_publicacao=14/08/2012>. Acesso em 25/06/2018.

tente na dissolução irregular de pessoa jurídica devedora de créditos inscritos em dívida ativa administrados pela PGFN"[258], cuja instauração se dará pelas respectivas unidades da PGFN responsáveis pelo débito[259].

Por meio do PARR, o terceiro cuja responsabilização se pretende será notificado para manifestar-se no âmbito administrativo, podendo apresentar defesa prévia a fim de afastar sua responsabilização[260], nos mesmos moldes do incidente processual do Código de Processo Civil.

O prazo para impugnação administrativa é de 15 dias contados da notificação e a decisão deverá ser proferida em até 30 dias pela autoridade competente[261]. Em caso de improcedência da impugnação, caberá recurso no prazo de 10 dias, dirigido o Procurador-Chefe da Dívida Ativa nas unidades Regionais, o Procurador-Chefe ou o Procurador-Seccional da unidade descentralizada[262].

Rejeitados os argumentos do terceiro, este será considerado responsável pelos débitos.

Conforme se pode verificar, tal procedimento nada mais reflete do que uma aplicação do incidente de desconsideração da personalidade jurídica ao processo administrativo fiscal federal, notadamente no que concerne às hipóteses de responsabilização do artigo 135 do Código Tributário Nacional.

Da mesma forma como ocorre no âmbito judicial, tal procedimento pode constituir uma importante arma de defesa dos contribuintes, previamente à sua efetiva responsabilização por débitos, em face da equivocada desconsideração da personalidade jurídica do efetivo contribuinte.

Destaca-se, por fim, a importância da correta aplicação do instituto, que, conforme demonstrado ao longo do presente trabalho, é de fundamental importância para a garantia do contraditório e da ampla defesa nos casos de responsabilização de sócios e administradores por débitos das pessoas jurídicas.

---

[258] BRASIL. Portaria da Procuradoria Geral da Fazenda Nacional (PGFN) nº 948, de 15 de setembro de 2017. Regulamenta, no âmbito da Procuradoria-Geral da Fazenda Nacional (PGFN), o Procedimento Administrativo de Reconhecimento de Responsabilidade – PARR. **Diário Oficial da União**: seção 1, Brasília, DF, p. 23, 19 set. 2017. Artigo 1º.
[259] Portaria PGFN nº 948/2017, artigo 2º.
[260] Portaria PGFN nº 948/2017, artigo 3º.
[261] Portaria PGFN nº 948/2017, artigos 3º e 5º.
[262] Portaria PGFN nº 948/2017, artigos 6º e 7º.

Conclusão

O presente estudo abordou, em linhas gerais, os principais conceitos da responsabilidade tributária, contextualizando a responsabilidade no âmbito do Direito Tributário, em comparação com os conceitos de responsabilidade das demais matérias do Direito, notadamente no que concerne ao Direito Civil e ao Direito do Consumidor. Apresentou-se um panorama das diversas modalidades de responsabilidade para, então, adentrar-se ao tema da responsabilidade tributária de terceiros.

A partir dos conceitos traçados pelos artigos 134 e 135 do Código Tributário Nacional, apresentou-se o tema da responsabilização de terceiros em matéria tributária.

Neste sentido, foram apresentados os requisitos para aplicabilidade de tais institutos, demonstrando-se a sua importância no âmbito do Direito Tributário, como forma de viabilizar a exigência de tributos em circunstâncias nas quais a pessoa jurídica é utilizada como meio para o cometimento de ilícitos tributários, transferindo-se a responsabilidade do recolhimento destes para pessoas diversas do contribuinte.

Adentrando-se ao tema da desconsideração da personalidade jurídica, destacou-se a evolução da criação do instituto e seus reflexos no Direito brasileiro. No âmbito das hipóteses de responsabilização de sócios pelos débitos fiscais da pessoa jurídica, abordou-se a discussão doutrinária sobre a classificação destas como hipóteses de desconsideração da personalidade jurídica e a aplicabilidade, por conseguinte, deste instituto no Direito Tributário brasileiro.

Após, analisou-se a evolução jurisprudencial dos temas relacionados à responsabilidade tributária no âmbito do Superior Tribunal de Justiça.

Por meio de tal análise conceitual é possível verificar a extrema relevância do tema da responsabilidade tributária, tendo em vista o significativo impacto que seu reconhecimento impõe às relações jurídico tributárias.

Neste sentido, tal instituto é de vital importância no âmbito do contencioso administrativo e judicial em matéria tributária, eis que permite que os entes tributantes satisfaçam obrigações tributárias de empresas utilizadas como meio para o cometimento de infrações à lei, contratos sociais e estatutos, por meio do patrimônio de seus sócios e administradores.

Assim, de um lado, a responsabilidade tributária para a responsabilização de sócios e administradores de pessoas jurídicas é vital para a garantia da satisfação de obrigações tributárias. Contudo, de outra parte, o excesso na sua aplicação prática, levando à responsabilização equivocada de terceiros para os quais não foi verificado o preenchimento dos requisitos legais, impõe um pesado ônus a estes, exigindo que apresentem defesa judicial, apresentando garantia para débito pelo qual não possuem condições de ser responsabilizados.

É neste contexto de excessos na aplicação da desconsideração da personalidade jurídica que nasce o incidente de desconsideração da personalidade jurídica, previsto no Código de Processo Civil. Tal incidente tem o condão de permitir a garantia do contraditório e da ampla defesa prévios à responsabilização de terceiros no âmbito do contencioso judicial.

Constitui, desta forma, instrumento vital de defesa dos responsabilizados, capaz de evitar a ocorrência de situações como as verificadas no passado, em que a responsabilização de terceiros ocorria ao arrepio dos requisitos legais.

Assim, no contexto de sua aplicabilidade no âmbito da responsabilização de terceiros com base nos artigos 134 e 135 do Código Tributário Nacional e no bojo das execuções fiscais, em que pese a possível discussão doutrinária sobre o tema, é inegável que tal aplicação será fundamental para o afastamento dos excessos atualmente verificados na aplicação do instituto.

CONCLUSÃO

Neste sentido, torna ainda mais relevante a aplicabilidade do incidente no âmbito das execuções fiscais em face da necessidade de prévia garantia dos débitos executados para que se torne viável a defesa de sócios e administradores responsabilizados, o que, inegavelmente, constitui um grave ônus ao direito de defesa destes, quando incorretamente responsabilizados.

Portanto, a efetividade do alcance dos objetivos pretendidos pelo legislador quando da criação do incidente de desconsideração da personalidade jurídica passa, certamente, por sua aplicação no âmbito do redirecionamento de execuções fiscais.

Verifica-se até o presente momento, contudo, que algumas decisões judiciais proferidas no âmbito do Tribunal de Justiça de São Paulo e do Tribunal Regional Federal da 3ª Região têm restringido a aplicabilidade do incidente em matéria tributária, por entender que tais dispositivos não seriam aplicáveis no âmbito das execuções fiscais, reguladas pela Lei nº 6.830/1980. Neste sentido está, inclusive, o Enunciado nº 53 da ENFAM, o qual orienta a não aplicação do incidente de desconsideração da personalidade jurídica no âmbito das execuções fiscais.

Em que pesem tais restrições, vislumbra-se a aplicabilidade deste incidente em matéria tributária, eis que as regras processuais cíveis aplicam-se, em caráter supletivo, ao processo tributário. Ademais, é de fundamental relevância tal incidente para o afastamento dos excessos ocorridos até o seu advento na responsabilização de terceiros por débitos tributários.

Se no âmbito do contencioso judicial verifica-se uma tentativa de limitação da aplicação do incidente de desconsideração da personalidade, é certo que no âmbito administrativo federal este instituto já provocou reflexos positivos.

Isso porque a Procuradoria Geral da Fazenda Nacional estabeleceu, por meio da Portaria PGFN nº 948, de 15 de setembro de 2017, o Procedimento Administrativo de Reconhecimento de Responsabilidade, PAAR, o qual impõe um procedimento prévio à responsabilização de terceiros no âmbito do processo administrativo tributário federal, nos mesmos moldes do incidente previsto na legislação processual cível.

Conforme exposto ao longo do presente trabalho, a real aplicabilidade do instituto em matéria tributária dependerá da consolidação do entendimento jurisprudencial sobre a matéria, notadamente no âmbito do Superior Tribunal de Justiça.

Contudo, é fundamental o reconhecimento de sua importância para a garantia dos direitos dos contribuintes e da defesa de terceiros em face de sua responsabilização por débitos de pessoas jurídicas, sem que lhes seja exigido a garantia dos débitos no bojo do feito executivo e sem que este seja afetado pelos penosos reflexos do indébito tributário.

REFERÊNCIAS

ALEXY, Robert. Direitos Fundamentais no estado constitucional democrático. In: **Constitucionalismo discursivo**; trad. Luis Afonso Heck. Porto Alegre: Livraria do Advogado Ed., 2007.

ALMEIDA, Amador Paes de. **Execução de Bens dos Sócios: obrigações mercantis, tributárias, trabalhistas: da desconsideração da personalidade jurídica (doutrina e jurisprudência).** 9ª ed. São Paulo: Saraiva, 2008.

ALVIN, Arruda. **Novo contencioso cível no CPC/2015.** São Paulo: Editora Revista dos Tribunais, 2016.

ALVIN, Thereza. CAMARGO, Luiz Henrique Volpe. SCHMITZ, Leonard Ziesemer. CARVALHO, Natália Gonçalves de Macedo. Coord. **O Novo Código de Processo Civil Brasileiro – Estudos Dirigidos: esquematização e procedimentos.** Rio de Janeiro: Forense, 2016.

AMARO, Luciano. **Direito Tributário Brasileiro.** 20ª ed. São Paulo: Saraiva, 2014.

ANDRADE FILHO, Edmar Oliveira. **Desconsideração da Personalidade Jurídica no Novo Código Civil.** São Paulo: MP Editora, 2005.

ASSIS, Emanuel Carlos Dantas de. Arts. 134 e 135 do CTN: Responsabilidade Culposa e Dolosa dos Sócios e Administradores de Empresas por Dívidas Tributárias da Pessoa Jurídica. In: FERRAGUT, Maria Rita. NEDER, Marcos Vinicius. **Responsabilidade Tributária.** São Paulo: Dialética, 2007.

ATALIBA, Geraldo. **Hipótese de Incidência Tributária.** 9ª ed. 6ª tiragem. Rio de Janeiro: Malheiros, 2005.

ÁVILA, Humberto. **Teoria dos Princípio, da definição à aplicação do princípios jurídicos.** 4ª ed. São Paulo: Malheiros, 2005.

BALEEIRO, Aliomar. **Direito tributário brasileiro, atualizada por Misabel Abreu Machado Derzi.** 11ª ed. Rio de Janeiro: Forense, 2003.

BIAR, Emmanuel. TINOCO, Pedro. O Incidente de Desconsideração da Personalidade Jurídica e a sua Aplicação no Âmbito da Execução Fiscal. In: GONÇALVES, Antonio Baptista; BASAGLIA, Cristiano Agrella; HONDA, Helcio (Coord.). **Impactos do novo CPC no direito tributário.** São Paulo: IOB SAGE, 2016.

BOTTALLO, Eduardo Domingos. Alguns Reflexos do Código Civil no Direito Tributário. In: GRUPENMACHER, Betina Treiger (Coord.). **Direito Tributário e o Novo Código Civil.** São Paulo: Quartier Latin, 2004.

CANTANHEDE, Luís Claudio Ferreira. O Redirecionamento da Execução Fiscal. In: CONRADO, Paulo Cesar. ARAÚJO, Juliana Furtado Costa (Coord.). **O Novo CPC e seu impacto no Direito Tributário.** São Paulo: Fiscosoft, 2015.

CARRAZZA, Roque Antonio. **Curso de Direito Constitucional Tributário.** 29ª ed. São Paulo: Malheiros, 2013. CARVALHO, Paulo de Barros. **Curso de Direito Tributário.** 22ª ed. São Paulo: Saraiva, 2010.

CASTRO, Aldemario Araujo. Aplicação no Direito Tributário da Desconsideração da Personalidade Jurídica Prevista no Código Civil. In: TORRES, Heleno Taveira. QUEIROZ, Mary Elbe (Coord.). **Desconsideração da Personalidade Jurídica em Matéria Tributária.** São Paulo: Quartier Latin, 2005.

COELHO, Fábio Ulhoa. **Curso de Direito Comercial.** Vol. 2. 17ª ed. São Paulo: Saraiva, 2013.

COÊLHO, Sacha Calmon Navarro. Curso de Direito Tributário. Rio de Janeiro: Forense, 2008.

COSTA, Allison Garcia. Responsabilidade Tributária dos Sócios. Inteligência do inc. VII do art. 134 e do inc. III do art. 135 do CTN. In: **Revista Tributária e Finanças Públicas.** vol. 63/2005. jul-ago/2005. COSTA, Regina Helena. **Curso de Direito Tributário: Constituição e Código Tributário Nacional.** 3ª ed. São Paulo: Saraiva, 2013.

COUTO E SILVA, Almiro. Princípios da legalidade da administração pública e da segurança jurídica no Estado de Direito contemporâneo. In: **Revista da procuradoria-geral do Estado.** Porto Alegre: Procuradoria-Geral do Estado do Rio Grande do Sul, 1971.

DINIZ, Maria Helena. **Curso de Direito Civil Brasileiro.** vol. 7. 20ª ed. São Paulo: Saraiva, 2005.

FERRAGUT, Maria Rita. Novo CPC: o incidente de desconsideração da personalidade jurídica tornando efetivo o direito dos grupos econômicos exercerem o contraditório. **Revista Dialética de Direito Tributário**, São Paulo, n. 237, jun. 2015.

FERRAGUT, Maria Rita. **Responsabilidade Tributária e o Código Civil de 2002.** São Paulo: Noeses, 2005.

FREITAS, Elizabeth Cristina Campos Martins de. **Desconsideração da personalidade jurídica: análise à luz do código de defesa do consumidor e do novo código civil.** 2ª ed. São Paulo: Atlas, 2004.

GADAMER, Hans-Georg. **Verdade e Método.** Trad. de Flávio Paulo Meurer; revisão da tradução de Enio Paulo Giachini – 8ª Ed. – Bragança Paulista, SP: Editora Universitária São Francisco, 2007.

GIARETA, Gerci. Teoria da Despersonalização da Pessoa Jurídica ("Disregard Doctrine"). **Doutrinas Essenciais de Responsabilidade Civil**, Revista dos Tribunais, São Paulo, vol. 1, out. 2011.

GONÇALVES, Marcus Vinícius Rios. **Direito Processual Civil Esquematizado.** 6ª ed. São Paulo: Saraiva, 2015.

HARADA, Kiyoshi. Os Impactos do Novo Código de Processo Civil nos Processos Tributários. In: In: GONÇALVES, Antonio Baptista; BASAGLIA, Cristiano Agrella; HONDA, Helcio (Coord.). **Impactos do novo CPC no direito tributário.** 1ª ed. São Paulo: IOB SAGE, 2016.

KOURY, Suzy Elizabeth Cavalcante. **A desconsideração da personalidade jurídica (disregard doctrine) e os grupos de empresas.** Rio de Janeiro: Forense, 2003.

MACHADO, Hugo de Brito. **Curso de Direito Tributário.** 34ª ed. São Paulo: Malheiros, 2013.

MEDEIROS, André Antonio A. de. A Inconstitucionalidade da Responsabilidade Tributária. In: MARTINS, Ives Gandra da Silva (org.). BRITO, Edvaldo Pereira. (org.). **Direito Tributário: outros tributos, temas atuais e Direito Tributário internacional.** Editora Revista dos Tribunais, 2011.

MELO, José Eduardo Soares de. A Desconsideração da Personalidade Jurídica no Código Civil e Reflexo no Direito Tributário. In: GRUPENMACHER, Betina Treiger (Coord.). **Direito Tributário e o Novo Código Civil.** São Paulo: Quartier Latin, 2004.

MELO, José Eduardo Soares de. **Curso de Direito Tributário.** 10. ed. São Paulo: Dialética, 2012.

MIRAGEM, Bruno Nubens Barbosa. **Direito Civil**: responsabilidade civil. São Paulo: Saraiva, 2015. p. 116.

NEGRÃO, Ricardo. **Manual de Direito Comercial e de Empresa.** Vol. 1. 10ª ed. São Paulo: Saraiva, 2013.

NERY, Rosa Maria de Andrade. NEY JUNIOR, Nelson. **Instituições de Direito Civil:** direito das obrigações. vol. 2. São Paulo: Editora Revista dos Tribunais, 2015.

QUEIROZ, Mary Elbe. SOUZA JÚNIOR, Antonio Carlos F. de. In: SOUZA JÚNIOR, Antonio Carlos F. de. CUNHA, Leonardo Carneiro da (Coord.). **Novo CPC e o processo tributário.** São Paulo: Focofiscal, 2015.

REQUIÃO, Rubens. Abuso de Direito e Fraude Através da Personalidade Jurídica (Disregard Doctrine). **Revista dos Tribunais RT**, São Paulo, nº 410/12, dez. 1969.

SABBAG, Eduardo. **Manual de Direito Tributário**. 6. Ed. São Paulo: Saraiva, 2014.

VENOSA, Sílvio de Salvo. **Direito Civil:** Responsabilidade civil. v. 4. 2ª ed. São Paulo: Atlas, 2002. WALD, Arnoldo. MORAES, Luiza Rangel. Desconsideração da Personalidade Jurídica e seus Efeitos Tributários. In: TORRES, Heleno Taveira. QUEIROZ, Mary Elbe (Coord.). **Desconsideração da Personalidade Jurídica em Matéria Tributária.** São Paulo: Quartier Latin, 2005.

ZILVETI, Fernando Aurelio. **Obrigação Tributária – Fato Gerador e Tipo.** São Paulo: Quartier Latin, 2009.

REFERÊNCIAS LEGAIS E NORMATIVAS

BRASIL. Constituição Federal de 1988. Promulgada em 5 de outubro de 1988. Disponível em <http://www.planalto.gov.br/ccivil_03/constituicao/constituição.htm>. Acesso em 20/06/2018.

BRASIL. Emenda Constitucional nº 3, de 17 de março de 1993. Altera os arts. 40, 42, 102, 103, 155, 156, 160, 167 da Constituição Federal. **Diário Oficial da União:** 18 mar. 1993.

BRASIL. Lei nº 5.172, de 25 de outubro de 1966. Dispõe sobre o Sistema Tributário Nacional e institui normas gerais de Direito Tributário aplicáveis à União, Estados e Municípios. **Diário Oficial da União:** seção 1, Brasília, DF, p. 12567 (Retificação), 31 out. 1966.

BRASIL. Lei Complementar nº 44, de 07 de dezembro de 1983. Altera o Decreto-lei nº 406, de 31 de dezembro de 1968, que estabelece normas gerais de Direito tributário, e dá outras providências. **Diário Oficial da União:** 09 dez. 1983.

BRASIL. Lei Complementar nº 87, de 13 de setembro de 1996. Dispõe sobre o imposto dos Estados e do Distrito Federal sobre operações relativas à circulação de mercadorias e sobre prestações de serviços de transporte interestadual e intermunicipal e de comunicação, e dá outras providências. (LEI KANDIR). **Diário Oficial da União:** 16 set. 1996. p. 18261.

BRASIL. Lei nº 6.404, de 15 de dezembro de 1976. Dispõe sobre as Sociedades por Ações. **Diário Oficial da União:** 17 dez. 1976.

BRASIL. Lei nº 6.830, de 22 de setembro de 1980. Dispõe sobre a cobrança judicial da Dívida Ativa da Fazenda Pública, e dá outras providências. **Diário Oficial da União:** 24 set. 1980.

BRASIL. Lei nº 8.078, de 11 de Setembro de 1990. Dispõe sobre a proteção do consumidor e dá outras providências. **Diário Oficial da União:** 12 set. 1990.

BRASIL. Portaria da Procuradoria Geral da Fazenda Nacional (PGFN) nº 948, de 15 de setembro de 2017. Regulamenta, no âmbito da Procuradoria-Geral da Fazenda Nacional (PGFN), o Procedimento Administrativo de Reconhecimento de Responsabilidade – PARR. **Diário Oficial da União:** seção 1, Brasília, DF, p. 23, 19 set. 2017.

BRASIL. Lei nº 10.406, de 10 de janeiro de 2002. Institui o Código Civil. **Diário Oficial da União:** seção 1, Brasília, DF, ano 139, n. 8, p. 1-74, 11 jan. 2002.

BRASIL. Lei nº 13.105, de 16 de março de 2015. Código de Processo Civil. **Diário Oficial da União:** 17 mar. 2015.

BRASIL. Exposição de Motivos do Código de Processo Civil. Lei nº 13.105, de 16 de março de 2015. Disponível em: <https://www2.senado.leg.br/bdsf/bitstream/handle/id/512422/001041135.pdf> Acesso em: 15/08/2018.

ENFAM. Enunciado nº 53 da Escola Nacional de Formação e Aperfeiçoamento de Magistrados. Disponível em: <https://www.enfam.jus.br/wp-content/uploads/2015/09/ENUNCIADOS-VERS%C3%83O-DEFINITIVA-.pdf>. Acesso em 25/06/2018.

REFERÊNCIAS

BRASIL. Superior Tribunal de Justiça. Agravo Regimental no Agravo em Recurso Especial nº 16.808/GO. Rel. Ministro Napoleão Nunes Maia Filho. Brasília, 19 fev. 2013. **Diário de Justiça Eletrônico,** Brasília, 28 fev. 2013. Disponível em: <https://ww2.stj.jus.br/processo/revista/inteiroteor/?num_registro=201100748437&dt_publicacao=28/02/2013>. Acesso em 25/06/2018.

BRASIL. Superior Tribunal de Justiça. Agravo Regimental no Agravo em Recurso Especial nº 794.237/SP. Relator Min. Mauro Campbell Marques. Brasília, 15 mar. 2016. **Diário de Justiça Eletrônico,** Brasília, 22 mar. 2016. Disponível em: <http://www.stj.jus.br/SCON/jurisprudencia/toc.jsp?processo=794237&&b=ACOR&thesaurus=JURIDICO&p=true>. Acesso em 25/06/2018.

BRASIL. Superior Tribunal de Justiça. Agravo Regimental no Agravo em Recurso Especial nº 603.992/ES. Relatora Min. Regina Helena Costa. Brasília, 02 jun. 2015. **Diário de Justiça Eletrônico,** Brasília, 16 maio 2015. Disponível em: <http://www.stj.jus.br/SCON/jurisprudencia/toc.jsp?processo=603992&&b=ACOR&thesaurus=JURIDICO&p=true>. Acesso em 25/06/2018.

BRASIL. Superior Tribunal de Justiça. Agravo Regimental no Agravo em Recurso Especial 441.231/RJ. Relator Min. Og Fernandes. Brasília, 06 fev. 2014. **Diário de Justiça Eletrônico,** Brasília, 20 fev. 2014. Disponível em: <https://ww2.stj.jus.br/processo/revista/inteiroteor/?num_registro=201303957711&dt_publicacao=20/02/2014>. Acesso em 25/06//2018.

BRASIL. Superior Tribunal de Justiça. Agravo Regimental no Recurso Especial nº 572175/PR. Relator Min. Humberto Martins. Brasília, 05 nov. 2007.

Diário de Justiça Eletrônico, Brasília, p. 247, 05 nov. 2007. Disponível em: <http://www.stj.jus.br/SCON/jurisprudencia/toc.jsp?processo=572175&&b=ACOR&thesaurus=JURIDICO&p=true>. Acesso em 25/06/2018.

BRASIL. Superior Tribunal de Justiça. Agravo Regimental no Recurso Especial nº 1500103/SC. Relator Min. Mauro Campbell Marques. Brasília, 07 abr. 2015. **Diário de Justiça Eletrônico,** Brasília, 14 abr. 2015. Disponível em: <http://www.stj.jus.br/SCON/jurisprudencia/toc.jsp?processo=1500103&&b=ACOR&thesaurus=JURIDICO&p=true>. Acesso em 25/06/2018.

BRASIL. Superior Tribunal de Justiça. Agravo Regimental no Recurso Especial nº 1307639/RJ. Relator Min. Herman Benjamin. Brasília, 17 maio 2012. **Diário de Justiça Eletrônico,** Brasília, RDDP, vol. 116, p. 139, 23 maio 2012. Disponível em: <http://www.stj.jus.br/SCON/jurisprudencia/toc.jsp?processo=1307639&&b=ACOR&thesaurus=JURIDICO&p=true>. Acesso em 25/06/2018.

BRASIL. Superior Tribunal de Justiça. Embargos de Declaração no Agravo Regimental no Recurso Especial nº 1465280/SP. Relator Min. Humberto Martins. Brasília, 03 mar. 2016. **Diário de Justiça Eletrônico,** Brasília, 11 mar. 2016. Disponível em: <https://ww2.stj.jus.br/processo/revista/inteiroteor/?num_registro=201401486777&dt_publicacao=11/03/2016>. Acesso em 25/06/2018.

BRASIL. Superior Tribunal de Justiça. Embargos de Divergência no Recurso Especial nº 702.232/RS. Rel. Ministro Castro Meira. Brasília, 14 set. 2005. **Diário de Justiça,** Brasília, p. 169, 26 set. 2005. Disponível em: <https://ww2.stj.jus.br/processo/revista/inteiroteor/?num_registro=200500888180&dt_publicacao=26/09/2005>. Acesso em 25/06/2018.

BRASIL. Superior Tribunal de Justiça. Agravo Regimental nos Embargos de Divergência em Recurso Especial nº 1.131.069/RJ. Relator Min. Arnaldo Esteves Lima. Brasília, 27 jun. 2012. **Diário de Justiça,** Brasília, 14 ago. 2012. Disponível em: <https://ww2.stj.jus.br/processo/revista/inteiroteor/?num_registro=201100469013&dt_publicacao=14/08/2012>. Acesso em 25/06//2018.

BRASIL. Superior Tribunal de Justiça. Recurso Especial nº 1010399/PR. Relatora Min. Eliana Calmon. Brasília, 20 maio 2008. **Diário de Justiça,** Brasília, RDDT, vol. 158, p. 125, 08 set. 2008. Disponível em: <http://www.stj.jus.br/SCON/jurisprudencia/toc.jsp?processo=1010399&&b=ACOR&thesaurus=JURIDICO&p=true>. Acesso em 25/06/2018.

REFERÊNCIAS

BRASIL. Superior Tribunal de Justiça. Recurso Especial nº 1101728/SP. Relator Min. Teori Albino Zavascki. Brasília, 11 mar. 2009. **Diário de Justiça**, Brasília, 23 mar. 2009. Disponível em: <http://www.stj.jus.br/SCON/jurisprudencia/toc.jsp?processo=1101728&repetitivos=REPETITIVOS&&b=ACOR&thesaurus=JURIDICO&p=true>. Acesso em 25/06/2018.

BRASIL. Superior Tribunal de Justiça. Recurso Especial nº 1104900/ES. Relatora Min. Denise Arruda. Brasília, 25 mar. 2009. **Diário de Justiça Eletrônico**, Brasília, RSSTJ, vol. 36, p. 418, 01 abr. 2009. Disponível em: <http://www.stj.jus.br/SCON/jurisprudencia/toc.jsp?processo=1104900&repetitivos=REPETITIVOS&&b=ACOR&thesaurus=JURIDICO&p=true>. Acesso em 25/06/2018.

BRASIL. Superior Tribunal de Justiça. Recurso Especial nº 1315166/SP. Relator Min. Gurgel De Faria. Brasília, 16 mar. 2017. **Diário de Justiça Eletrônico**, Brasília, 26 abr. 2017. Disponível em: <http://www.stj.jus.br/SCON/jurisprudencia/toc.jsp?processo=1315166&&b=ACOR&thesaurus=JURIDICO&p=true>. Acesso em 25/06/2018.

BRASIL. Superior Tribunal de Justiça. Recurso Especial nº 1371128/RS. Relator Min. Mauro Campbell Marques. Brasília, 10 set. 2014. **Diário de Justiça Eletrônico**, Brasília, 17 set. 2014. Disponível em: <http://www.stj.jus.br/SCON/jurisprudencia/toc.jsp?processo=1371128&repetitivos=REPETITIVOS&&b=ACOR&thesaurus=JURIDICO&p=true>. Acesso em 25/06/2018.

BRASIL. Superior Tribunal de Justiça. Recurso Especial nº 1591419/DF. Relator Min. Gurgel De Faria. Brasília, 20 set. 2016. **Diário de Justiça Eletrônico**, Brasília, 26 out. 2016. Disponível em: <http://www.stj.jus.br/SCON/jurisprudencia/toc.jsp?processo=1591419&&b=ACOR&thesaurus=JURIDICO&p=true>. Acesso em 25/06/2018.

BRASIL. Superior Tribunal de Justiça. Recurso Especial nº 212.033/SC. Relator Min. Castro Meira. Brasília, 12 nov. 2004. **Diário de Justiça**, Brasília, p. 220, 16 nov. 2004. Disponível em: <http://www.stj.jus.br/SCON/jurisprudencia/toc.jsp?processo=212033&&b=ACOR&thesaurus=JURIDICO&p=true>. Acesso em 25/06/2018.

BRASIL. Superior Tribunal de Justiça. Recurso Especial nº 767.021/RJ. Relator Min. José Delgado. Brasília, 16 ago. 2005. **Diário de Justiça**, Brasília, p. 258, 12 set. 2005. Disponível em: <https://ww2.stj.jus.br/processo/revista/inteiroteor/?num_registro=200501171187&dt_publicacao=12/09/2005>. Acesso em 25/06/2018.

BRASIL. Superior Tribunal de Justiça. Recurso Especial nº 852.972/PR. Relator Min. Teori Albino Zavascki. Brasília, 25 maio 2010. **Diário de Justiça Eletrônico**, Brasília, RDDT vol. 180 p. 194, 08 jun. 2010. Disponível em: <http://www.stj.jus.br/SCON/jurisprudencia/toc.jsp?processo=852972&&b=ACOR&thesaurus=JURIDICO&p=true>. Acesso em 25/06/2018.

BRASIL. Superior Tribunal de Justiça. Recurso Especial nº 1775269/PR. Relator Min. Gurgel De Faria. Brasília, 21 fev. 2019. Diário de Justiça Eletrônico, Brasília, 01 mar. 2019. Disponível em: http://www.stj.jus.br/SCON/jurisprudencia/toc.jsp?processo=1775269&b=ACOR&thesaurus=JURIDICO&p=true. Acesso em 27/05/2019.

BRASIL. Superior Tribunal de Justiça. Recurso Especial nº 1786311/PR. Relator Min. Francisco Falcão. Brasília, 06 maio 2019. Diário de Justiça Eletrônico, Brasília, 15 maio 2019. Disponível em: http://www.stj.jus.br/SCON/jurisprudencia/toc.jsp?processo=1786311&b=ACOR&thesaurus=JURIDICO&p=true. Acesso em 27/05/2019.

BRASIL. Superior Tribunal de Justiça. Súmula 430. Brasília, 24 mar. 2010. **Diário de Justiça Eletrônico**, Brasília, 13 maio 2010. Disponível em: <http://www.stj.jus.br/docs_internet/SumulasSTJ.pdf>. Acesso em 25/06/2018.

BRASIL. Superior Tribunal de Justiça. Súmula 435. Brasília, 13 maio 2010. **Diário de Justiça Eletrônico**, Brasília, 13 maio 2010. Disponível em: <http://www.stj.jus.br/docs_internet/SumulasSTJ.pdf>. Acesso em 25/06/2018.

BRASIL. Superior Tribunal de Justiça. Súmula 7. Brasília, 28 jun. 1990. **Diário de Justiça**, Brasília, 03 jul. 1990. Disponível em: <http://www.stj.jus.br/docs_internet/SumulasSTJ.pdf>. Acesso em 25/06/2018.

BRASIL. Supremo Tribunal Federal. Ação Direta de Inconstitucionalidade nº 1851. Relator Min. Ilmar Galvão. Brasília, 08 maio 2002. **Diário de Justiça,** Brasília, 13 dez. 2002. Disponível em: <http://www.stf.jus.br/portal/processo/verProcessoAndamento.asp?numero=1851&classe=ADI&codigoClasse=0&origem=JUR&recurso=0&tipoJulgamento=M>. Acesso em 25/06/2018.

BRASIL. Supremo Tribunal Federal. Recurso Extraordinário nº 593.849. Relator Min. Edson Fachin. Brasília, 19 out. 2016. **Diário de Justiça Eletrônico**, Brasília, 31 mar. 2017. Disponível em: <http://redir.stf.jus.br/paginadorpub/paginador.jsp?docTP=TP&docID=12692057>. Acesso em 25/06/2018.

BRASIL. Supremo Tribunal Federal. Recurso Extraordinário nº 608.426. Relator Min. Joaquim Barbosa. Brasília, 04 out. 2011. **Diário de Justiça Eletrônico**, Brasília, 24 out. 2011. Disponível em: <http://redir.stf.jus.br/

REFERÊNCIAS

paginadorpub/paginador.jsp?docTP=AC&docID=629030>. Acesso em 25/06/2018.

BRASIL. Supremo Tribunal Federal. Recurso Extraordinário nº 593.849. Relator Min. Edson Fachin. Brasília, 19 out. 2016. **Diário de Justiça Eletrônico**, Brasília, 05 abr. 2017. Disponível em: <http://www.stf.jus.br/portal/processo/verProcessoAndamento.asp?numero=593849&classe=RE&codigoClasse=0&origem=JUR&recurso=0&tipoJulgamento=M>. Acesso em 25/06/2018.

SÃO PAULO. Tribunal de Justiça do Estado de São Paulo. Agravo de Instrumento nº 2195560-50.2017.8.26.0000. Relator Des. Geraldo Xavier. São Paulo, 07 jun. 2018. **Diário de Justiça Eletrônico**, 12 jun. 2018. Disponível em: <https://esaj.tjsp.jus.br/cjsg/getArquivo.do?conversationId=&cdAcordao=11529403&cdForo=0&uuidCaptcha=sajcaptcha_2d98a3b316f04285ba281ad7cbcf1010&vlCaptcha=drh&novoVlCaptcha=>. Acesso em 25/06/2018.

SÃO PAULO. Tribunal de Justiça do Estado de São Paulo. Agravo de Instrumento nº 2058485-32.2018.8.26.0000. Relator Des. Henrique Harris Júnior. São Paulo, 27 jun. 2018. **Diário de Justiça Eletrônico**, 27 jun. 2018. Disponível em: <https://esaj.tjsp.jus.br/cjsg/getArquivo.do?cdAcordao=11580325&cdForo=0>. Acesso em 25/06/2018.

SÃO PAULO. Tribunal de Justiça do Estado de São Paulo. Agravo de Instrumento nº 2057397-56.2018.8.26.0000. Relatora Des. Mônica Serrano. São Paulo, 07 jun. 2018. **Diário de Justiça Eletrônico**, 19 jun. 2018. Disponível em: <https://esaj.tjsp.jus.br/cjsg/getArquivo.do?cdAcordao=11551521&cdForo=0>. Acesso em 25/06/2018.

SÃO PAULO. Tribunal de Justiça do Estado de São Paulo. Agravo de Instrumento nº 2064597-17.2018.8.26.0000. Relator Des. Silva Russo. São Paulo, 14 jun. 2018. Diário de Justiça Eletrônico, 18 jun. 2018. Disponível em: <https://esaj.tjsp.jus.br/cjsg/getArquivo.do?cdAcordao=11548960&cdForo=0>. Acesso em 25/06/2018.

SÃO PAULO. Tribunal Regional Federal da 3ª Região. Agravo de Instrumento nº 0020449-95.2016.4.03.0000. Relator Des. Federal Wilson Zauhy. São Paulo, 21 mar. 2017. **Diário de Justiça Eletrônico**, 05 abr. 2017. Disponível em: <http://web.trf3.jus.br/acordaos/Acordao/BuscarDocumentoGedpro/5925763>. Acesso em 25/06/2018.

SÃO PAULO. Tribunal Regional Federal da 3ª Região. Agravo de Instrumento nº 0019202-79.2016.4.03.0000. Relator Des. Federal Wilson Zauhy. São Paulo, 07 mar. 2017. **Diário de Justiça Eletrônico**, 23 mar. 2017. Disponível em: <http://web.trf3.jus.br/acordaos/Acordao/BuscarDocumentoGedpro/5908003>. Acesso em 25/06/2018.

São Paulo. Tribunal Regional Federal da 3ª Região. Agravo de Instrumento nº 0022121-41.2016.4.03.0000. Relator Des. Federal Valdeci dos Santos. São Paulo, 18 abr. 2017. **Diário de Justiça Eletrônico**, 09 maio 2017. Disponível em: <http://web.trf3.jus.br/acordaos/Acordao/BuscarDocumentoGedpro/5971890>. Acesso em 25/06/2018.

São Paulo. Tribunal Regional Federal da 3ª Região. Agravo de Instrumento nº 0022331-92.2016.4.03.0000. Relatora Des. Federal Consuelo Yoshida. São Paulo, 27 abr. 2017. **Diário de Justiça Eletrônico**, 27 abr. 2017. Disponível em: <http://web.trf3.jus.br/acordaos/Acordao/BuscarDocumentoGedpro/6008725>. Acesso em 25/06/2018.

São Paulo. Tribunal Regional Federal da 3ª Região. Agravo de Instrumento nº 0018218-95.2016.4.03.0000. Relator Des. Federal Carlos Muta. São Paulo, 19 abr. 2017. **Diário de Justiça Eletrônico**, 19 abr. 2017. Disponível em: <http://web.trf3.jus.br/acordaos/Acordao/BuscarDocumentoGedpro/5937010>. Acesso em 25/06/2018.

São Paulo. Tribunal Regional Federal da 3ª Região. Agravo de Instrumento nº 0020449-95.2016.4.03.0000. Relator Des. Federal Wilson Zauhy. São Paulo, 21 mar. 2017. **Diário de Justiça Eletrônico**, 05 abr. 2017. Disponível em: <http://web.trf3.jus.br/acordaos/Acordao/BuscarDocumentoGedpro/5925763>. Acesso em 25/06/2018.

São Paulo. Tribunal Regional Federal da 3ª Região. Apelação / Remessa Necessária nº 0021280-32.2013.4.03.6182. Relator Des. Federal Wilson Zauhy. São Paulo, 10 abr. 2018. **Diário de Justiça Eletrônico**, 23 abr. 2018. Disponível em: <http://web.trf3.jus.br/acordaos/Acordao/PesquisarDocumento?processo=00212803220134036182>. Acesso em 25/06/2018.

São Paulo. Tribunal Regional Federal da 3ª Região. Incidente de Resolução de Demandas Repetitivas nº 0017610-97.2016.4.03.0000. Relator Des. Federal Baptista Pereira. São Paulo, 08 fev. 2017. São Paulo. Tribunal Regional Federal da 3ª Região. **Diário de Justiça Eletrônico**, Disponível em: <http://web.trf3.jus.br/consultas/Internet/ConsultaProcessual/Processo?NumeroProcesso=00176109720164030000>. Acesso em 25/06/2018.

OBRAS COMPLEMENTARES

ABRAHAM, Marcus. **A Responsabilidade Tributária Dos Sócios em Face no Novo Direito Privado.** Revista Tributária e de Finanças Públicas. vol. 78/2008. São Paulo: Editora Revista dos Tribunais, jan./fev. 2008.

ARAÚJO, Juliana Furtado Costa. O Prazo Prescricional para o Redirecionamento da Ação de Execução Fiscal ao Representante da Pessoa Jurídica. In: FERRAGUT, Maria Rita. NEDER, Vinicius. (Coord.). **Responsabilidade Tributária.** São Paulo: Dialética, 2007. ASSIS, Emanuel Carlos Dantas de. Arts. 134 e 135 do CTN: Responsabilidade Tributária Culposa e Dolosa dos Sócios e Administradores de Empresas por Dívidas Tributárias da Pessoa Jurídica. In: FERRAGUT, Maria Rita. NEDER, Vinicius. (Coord.). **Responsabilidade Tributária.** São Paulo: Dialética, 2007. CAMBI, Eduardo. **Jurisprudência Lotérica.** Revista dos Tribunais. Vol. 786. Pp. 108-128

MARTINS, Ives Gandra da Silva; BRITO, Edvaldo (Org.). **Doutrinas essenciais: Direito Tributário: outros tributos, temas atuais e Direito Tributário internacional.** São Paulo: Revista dos Tribunais, 2011.

PAULSEN, Leandro, **Segurança jurídica, certeza do direito e tributação: a concretização da certeza quanto à instituição de tributos através das garantias da legalidade, da irretroatividade e da anterioridade.** Porto Alegre, Livraria do Advogado Ed: 2006.

SARLET. Ingo Wolfgang. **A eficácia dos direitos fundamentais.** 8 ed. atual e rev. Porto Alegre: Livraria do Advogado Ed., 2007.

TIPKE, Klaus. LANG, Joachim. **Direito Tributário.** Trad. Luiz Dória Furquim. Porto Alegre: Sérgio Antônio Fabris Ed., 2008

ÍNDICE

INTRODUÇÃO	9
1. RESPONSABILIDADE TRIBUTÁRIA	13
2. DESCONSIDERAÇÃO DA PERSONALIDADE JURÍDICA	61
CONCLUSÃO	129
REFERÊNCIAS	133
REFERÊNCIAS LEGAIS E NORMATIVAS	137
REFERÊNCIAS	139
OBRAS COMPLEMENTARES	145